오늘
한 분 뿐인 당신께
마음 담아 공양을 올립니다

Namo tassa Bhagavato Arahato Sammāsambuddhassa

저 거룩한 분
존경받아 마땅한 분
바르게 깨친 분께
머리숙여 예배드립니다

「이 도서의 국립중앙도서관 출판시도서목록(CIP)는 e-CIP홈페이지(http://www.nl.go.kr/ecip)와 국가자료공동목록시스템(http://www.nl.go.kr/kolisnet)에서 이용하실 수 있습니다. (CIP제어번호:CIP2011001165)」

법화경의 네 가지 보석

방편품

안락행품

여래수량품

관세음보살보문품

　지난해 봉은사 경전학교에서 법화경 강의을 정리하여 『경전학교의 법화경 강의』를 출간하였다. 그 책은 '법화경 개론서'라는 부제가 붙어 있듯이 법화경 전체에 대한 포괄적인 내용을 담고 있다면, 이 책 『법화경의 4가지 보석』은 구마라집의 법화경 28품 가운데 중국 법화경 권위자 중 유명한 당나라 담연(711~782) 대사가 쓴 『법화문구기』에 근거한 것이다. 담연대사는 이 책에서 「방편품 안락행품 여래수량품 관세음보살보문품」이 법화경의 보석 창고를 여는 핵심 열쇠(樞樞)라고 밝히고 있다. 불교학 대사전에서는 출처에 대한 부분은 생략되어 있고, 이 4가지 품에 대한 해석만 간략히 나와 있다.

　방편품은 부처님의 가르침(敎)을 나타내며, 안락행품은 수행을 나타내는 것이며, 여래수량품은 불신(佛身)의 체(體)를 나타내며, 관세음보살보문품은 부처님의 자유자재한 작용(用)을 나타낸 것이라 정의한다. 국내외에서 「법화경 사요품」에 대한 자료는 거의 없다. 불교 대사전에서 용어풀이를 간략히 했지만 그 출전에 대한 부분은 안타깝게도 보이지 않는다. 부처님의 가피력으로 동국대 불교학 자료실에 근무하는 신과장님의 도움으로 '핵심 열쇠'라는 뜻의 추건(樞楗)이라는 검색어로 『법화문구기』 1권에서 「법화경 사요품」의 출처를 발견하게 되었다.

『경전학교의 법화경 강의』에서 밝혔듯이 인도와 중국 그리고 한국의 법화경 권위자들은 법화경 28품 중에서 핵심품을 방편품과 여래수량품으로 해석했다. 중국 법화경 권위자 담연대사는 여기에 안락행품과 관세음보살보문품을 추가하여 「법화경 사요품」에 대해서 밝히고 있다. 현재 한국 불교에서 행하고 있는 기도 의식을 보면 천수경이 중심에 있다. 그리고 입시기도나 다양한 법회 의식에서 관음기도를 많이 한다. 관세음보살님은 우리 중생들에게 '현세의 이익'을 주시는 분이다. 일상생활 속에서 우리는 지극한 마음으로 관세음보살의 이름을 불러서 힘든 현실을 극복하고자 노력한다. 이러한 관음신앙은 바로 법화경 25품 관세음보살보문품에서 유래한다. 그리고 천수경도 천수천안관세음보살의 공덕을 찬탄한 것이며 특히 「신묘장구대다라니」는 관세음보살의 위신력을 찬탄한 것이다.

관음신앙에서 만들어진 것이 천수경이며 그 관음신앙의 뿌리가 법화경에 있음은 명확하다. 그리고 법화경은 불국사의 석가탑이나 다보탑 조성 등 우리의 신앙생활 전반에 많은 영향을 미치고 있다.

이 책 『법화경의 네 가지 보석』에서는 위의 4가지 품에 대해서 구체적인 내용들을 살펴보고 이 품들이 우리들의 신앙생활 속에 어떤 의미가 있는지 또 생활 속에서 어떻게 수행할 것인지를 다루어 보았다. 특히 이 책은 '부처님의 지혜와 자비행'을 다루고 있어 실재로는 두 가지 주제(二要)를 밝히고 있다. 부처님의 지혜는 여래수량품이며, 자비행은 방편을 통한 중생제도를 밝히는 방편품과 관세음보살의 33응현신이 그것이다.

안락행품은 수행을 통해서 지혜를 얻고, 자비행을 하기 위한 기초 수행을 밝히고 있다.

얼마 전 TV에서 우연히 희귀한 '황금빛 다이아몬드'를 보게 되었다. 110캐럿이 넘는다고 한다. 얼마나 희귀한지 보석상들이 가격을 매길 수 없다고 한다. 부르는 게 값이다. 『법화경의 4가지 보석』도 저 '황금빛 다이아몬드'보다 훨씬 더하면 더했지 못하지 않다. 수천년 동안 이 경전 속에서 얼마나 많은 사람들이 수행을 성취했으며, 삶의 위안을 받았을 것인가? 그래서 책의 제목에

'황금빛 다이아몬드'보다 더 훌륭하고 더 가치 있다는 의미로 『법화경의 네 가지 보석』이라는 이름을 붙인 것이다. 아무쪼록 그 보석들을 캐어내어 일상 생활에 큰 도움이 되기를 발원한다. 끝으로 책 교정과 편집에 애써주신 무량수 출판사 천실장님과 직원분들에게 감사드리며, 『법화경의 네 가지 보석』출간에 공덕을 베푼 K거사님과 J보살님 그리고 그 가족들께 맑은 향기로 이 공덕을 회향한다.

2011년 3월 초
봄이 오는 따뜻한 남쪽 땅 김해 대법륜사에서
법성 합장

차 례

2장

안락행품

차 례

3장

여래수량품

1장 방편품

방편품은
범어로 Upāya-kauśalya-parivarto인데
여기서 Upāya는 방편을 뜻하며
kauśalya는 선교(善巧)의 뜻이며
parivarto는 품을 나타낸다.
곧 훌륭한 방편이란 뜻이다.

세존이 삼매에서 조용히 깨어나서 사리불에게 부처님의 지혜와 깨달음은 깊고 한량없어 작은 수행의 힘(성문, 벽지불)으로는 그것을 이해하거나 성취할 수 없다고 말씀하신다. 부처님이 깨달은 진리는 오직 부처님과 부처님만이 알 수 있는 것이며, 그것은 십여시(十如是)로 표현되는 제법실상(諸法實相)의 도리이다. 이어서 사리불이 세 번이나 거듭해서 설법을 청하고 마침내 법화경을 설하기 시작한다. 부처님의 지혜와 깨달음의 세계는 사고나 분별로 이해할 수 있는 것이 아니지만 중생들에게 자비심을 내어 그들을 구제하기 위해서 그들의 근기에 따라 무수한 방편과 인연과 비유와 언어로써 법을 설한다. 그리고 모든 부처님들 세상에 나타나심은 오직 중생들에게 자신과 같은 지혜와 깨달음을 얻게 하기 위한 하나의 큰 인연(일대사인연) 때문이다. 그리고 여래께서는 다만 일불승(一佛乘)으로 중생을 위해 설법하시며, 궁극적으로는 이승(二乘)이나 삼승(三乘)의 다른 가르침이 있는 것은 아니라 설한다. 곧 지금까지 삼승의 가르침은 사실 방편설(方便說)에 불과하며 일불승으로 인도하기 위한 수단이었음을 거듭 밝힌다. 이어서 육바라밀을 닦는 사람은 모두 불도를 이루며, 그 외에 불상이나 탑을 조성하고 기쁜 마음으로 음성공양을 하며, 산란한 마음으로 한송이 꽃을 불단에 올리거나 "나무불" 하고 염불 한마디만 해도, 심지어 애들이 장난으로 모래 모아 불탑을 만들거나 그림을 그려도 모두 그 공덕이 차츰 쌓여서 불도를 이룰 수 있다고 설하신다.

묘법연화경방편품제이
妙法蓮華經方便品第二

1

이시세존종삼매안상이기　고사리불　제불지혜심심무량
爾時世尊從三昧安詳而起　告舍利弗　諸佛智慧甚深無量

기지혜문난해난입　일체성문벽지불소불능지　소이자하
其智慧門難解難入　一切聲聞辟支佛所不能知　所以者何

불증친근백천만억무수제불　진행제불무량도법　용맹정
佛曾親近百千萬億無數諸佛　盡行諸佛無量道法　勇猛精

진명칭보문　성취심심미증유법　수의소설의취난해　사
進名稱普聞　成就甚深未曾有法　隨宜所說意趣難解　舍

리불　오종성불이래　종종인연　종종비유　광연언교　무
利弗　吾從成佛已來　種種因緣　種種譬喻　廣演言教　無

수방편인도중생　영리제착　소이자하　여래방편지견바
數方便引導眾生　令離諸著　所以者何　如來方便知見波

라밀　개이구족　사리불　여래지견광대심원　무량무애
羅蜜　皆已具足　舍利弗　如來知見廣大深遠　無量無礙

력무소외　선정해탈삼매　심입무제　성취일체미증유법
力無所畏　禪定解脫三昧　深入無際　成就一切未曾有法

사리불　여래능종종분별교설제법　언사유연열가중심
舍利弗　如來能種種分別巧說諸法　言辭柔軟悅可眾心

사리불　취요언지　무량무변미증유법　불실성취　지사
舍利弗　取要言之　無量無邊未曾有法　佛悉成就　止舍

리불　불수부설　소이자하　불소성취제일희유난해지법
利弗　不須復說　所以者何　佛所成就第一希有難解之法

유불여불내능구진제법실상　소위제법여시상　여시성
唯佛與佛乃能究盡諸法實相　所謂諸法如是相　如是性

^{여시체} ^{여시력} ^{여시작} ^{여시인} ^{여시연} ^{여시과} ^{여시}
如是體　如是力　如是作　如是因　如是緣　如是果　如是

^보 ^{여시본말구경등} ^{이시세존} ^{욕중선차의} ^{이설게언}
報　如是本末究竟等　爾時世尊　欲重宣此義　而說偈言

2

^{세웅불가량} 世雄不可量	^{제천급세인} 諸天及世人	^{일체중생류} 一切眾生類	^{무능지불자} 無能知佛者
^{불력무소외} 佛力無所畏	^{해탈제삼매} 解脫諸三昧	^{급불제여법} 及佛諸餘法	^{무능측량자} 無能測量者
^{본종무수불} 本從無數佛	^{구족행제도} 具足行諸道	^{심심미묘법} 甚深微妙法	^{난견난가료} 難見難可了
^{어무량억겁} 於無量億劫	^{행차제도이} 行此諸道已	^{도량득성과} 道場得成果	^{아이실지견} 我已悉知見

^{여시대과보} 如是大果報	^{종종성상의} 種種性相義	^{아급시방불} 我及十方佛	^{내능지시사} 乃能知是事
^{시법불가시} 是法不可示	^{언사상적멸} 言辭相寂滅	^{제여중생류} 諸餘眾生類	^{무유능득해} 無有能得解
^{제제보살중} 除諸菩薩眾	^{신력견고자} 信力堅固者	^{제불제자중} 諸佛弟子眾	^{증공양제불} 曾供養諸佛
^{일체루이진} 一切漏已盡	^{주시최후신} 住是最後身	^{여시제인등} 如是諸人等	^{기력소불감} 其力所不堪

^{가사만세간} 假使滿世間	^{개여사리불} 皆如舍利弗	^{진사공탁량} 盡思共度量	^{불능측불지} 不能測佛智
^{정사만시방} 正使滿十方	^{개여사리불} 皆如舍利弗	^{급여제제자} 及餘諸弟子	^{역만시방찰} 亦滿十方刹

진사공탁량
盡思共度量

역만시방계
亦滿十方界

역부불능지
亦復不能知

기수여죽림
其數如竹林

벽지불리지
辟支佛利智

사등공일심
斯等共一心

무루최후신
無漏最後身

어억무량겁
於億無量劫

욕사불실지
欲思佛實智

요달제의취
了達諸義趣

일심이묘지
一心以妙智

불퇴제보살
不退諸菩薩

막능지소분
莫能知少分

우능선설법
又能善說法

어항하사겁
於恒河沙劫

기수여항사
其數如恒沙

신발의보살
新發意菩薩

여도마죽위
如稻麻竹葦

함개공사량
咸皆共思量

일심공사구
一心共思求

공양무수불
供養無數佛

충만시방찰
充滿十方刹

불능지불지
不能知佛智

역부불능지
亦復不能知

우고사리불
又告舍利弗

유아지시상
唯我知是相

어불소설법
於佛所説法

고제성문중
告諸聲聞衆

불이방편력
佛以方便力

무루불사의
無漏不思議

시방불역연
十方佛亦然

당생대신력
當生大信力

급구연각승
及求緣覺乘

시이삼승교
示以三乘教

심심미묘법
甚深微妙法

사리불당지
舍利弗當知

세존법구후
世尊法久後

아령탈고박
我令脱苦縛

중생처처착
衆生處處著

아금이구득
我今已具得

제불어무이
諸佛語無異

요당설진실
要當説眞實

체득열반자
逮得涅槃者

인지령득출
引之令得出

3

이시대중중
爾時大衆中

유제성문누진아라한아야교진여등천이백
有諸聲聞漏盡阿羅漢阿若憍陳如等千二百

18

人^인 及^급發^발聲^성聞^문辟^벽支^지佛^불心^심比^비丘^구比^비丘^구尼^니優^우婆^바塞^새優^우婆^바夷^이 各^각作^작是^시

念^념 今^금者^자世^세尊^존 何^하故^고慇^은懃^근稱^칭歎^탄方^방便^편而^이作^작是^시言^언 佛^불所^소得^득法^법甚^심

深^심難^난解^해 有^유所^소言^언說^설意^의趣^취難^난知^지 一^일切^체聲^성聞^문辟^벽支^지佛^불所^소不^불能^능及^급

佛^불說^설一^일解^해脫^탈義^의 我^아等^등亦^역得^득此^차法^법到^도於^어涅^열槃^반 而^이今^금不^부知^지是^시義^의所^소

趣^취 爾^이時^시舍^사利^리弗^불知^지四^사衆^중心^심疑^의 自^자亦^역未^미了^료 而^이白^백佛^불言^언 世^세尊^존

何^하因^인何^하緣^연 慇^은懃^근稱^칭歎^탄諸^제佛^불第^제一^일方^방便^편 甚^심深^심微^미妙^묘難^난解^해之^지法^법

我^아自^자昔^석來^래未^미曾^증從^종佛^불聞^문如^여是^시說^설 今^금者^자四^사衆^중咸^함皆^개有^유疑^의 唯^유願^원世^세

尊^존 敷^부演^연斯^사事^사 世^세尊^존何^하故^고慇^은懃^근稱^칭歎^탄甚^심深^심微^미妙^묘難^난解^해之^지法^법 爾^이

時^시舍^사利^리弗^불欲^욕重^중宣^선此^차義^의 而^이說^설偈^게言^언

4

慧^혜日^일大^대聖^성尊^존 久^구乃^내說^설是^시法^법 自^자說^설得^득如^여是^시 力^역無^무畏^외三^삼昧^매

禪^선定^정解^해脫^탈等^등 不^불可^가思^사議^의法^법 道^도場^량所^소得^득法^법 無^무能^능發^발問^문者^자

我^아意^의難^난可^가測^측 亦^역無^무能^능問^문者^자 無^무問^문而^이自^자說^설 稱^칭歎^탄所^소行^행道^도

智^지慧^혜甚^심微^미妙^묘 諸^제佛^불之^지所^소得^득 無^무漏^루諸^제羅^나漢^한 及^급求^구涅^열槃^반者^자

今皆墮疑網　佛何故說是　其求緣覺者　比丘比丘尼

諸天龍鬼神　及乾闥婆等　相視懷猶豫　瞻仰兩足尊

是事爲云何　願佛爲解說　於諸聲聞衆　佛說我第一

我今自於智　疑惑不能了　爲是究竟法　爲是所行道

佛口所生子　合掌瞻仰待　願出微妙音　時爲如實說

諸天龍神等　其數如恒沙　求佛諸菩薩　大數有八萬

又諸萬億國　轉輪聖王至　合掌以敬心　欲聞具足道

2강

한문 경문

1

爾時佛告舍利弗　止止不須復說　若說是事　一切世間諸
天及人皆當驚疑　舍利弗重白佛言　世尊　唯願說之　唯
願說之　所以者何　是會無數百千萬億阿僧祇衆生　曾見

20

諸佛　諸根猛利智慧明了　聞佛所説則能敬信　爾時舍利

弗欲重宣此義　而説偈言

法王無上尊　唯説願勿慮　是會無量衆　有能敬信者

佛復止舍利弗　若説是事　一切世間天人阿修羅　皆當驚

疑　增上慢比丘將墜於大坑　爾時世尊　重説偈言

止止不須説　我法妙難思　諸增上慢者　聞必不敬信

爾時舍利弗重白佛言　世尊　唯願説之　唯願説之　今此

會中　如我等比百千萬億　世世已曾從佛受化　如此人等

必能敬信　長夜安隱多所饒益　爾時舍利弗欲重宣此義

而説偈言

無上兩足尊　願説第一法　我爲佛長子　唯垂分別説

是會無量衆　能敬信此法　佛已曾世世　教化如是等

皆一心合掌　欲聽受佛語　我等千二百　及餘求佛者

願爲此衆故　唯垂分別説　是等聞此法　則生大歡喜

2

<ruby>이시세존고사리불<rt></rt></ruby>
爾時世尊告舍利弗 汝已慇懃三請 豈得不説 汝今諦聽

善思念之 吾當爲汝分別解説 説此語時 會中有比丘比

丘尼優婆塞優婆夷五千人等 卽從座起禮佛而退 所以者

何 此輩罪根深重及增上慢 未得謂得 未證謂證 有如

此失 是以不住 世尊黙然而不制止

爾時佛告舍利弗 我今此衆無復枝葉 純有貞實 舍利弗

如是增上慢人 退亦佳矣 汝今善聽 當爲汝説 舍利弗

言 唯然世尊 願樂欲聞 佛告舍利弗 如是妙法 諸佛

如來時乃説之 如優曇鉢華時一現耳

舍利弗 汝等當信佛之所説言不虛妄 舍利弗 諸佛隨宜

説法意趣難解 所以者何 我以無數方便種種因緣譬喻言

辭演説諸法 是法非思量分別之所能解 唯有諸佛乃能知

之 所以者何 諸佛世尊 唯以一大事因緣故出現於世

舍利弗 云何名諸佛世尊唯以一大事因緣故出現於世 諸

佛世尊 欲令衆生開佛知見使得清淨故出現於世 欲示衆

生佛之知見故出現於世 欲令衆生悟佛知見故出現於世

22

^{욕 령 중 생 입 불 지 견 도 고 출 현 어 세} ^{사 리 불} ^{시 위 제 불} ^이
欲令衆生入佛知見道故出現於世　舍利弗　是爲諸佛　以
^{일 대 사 인 연 고} ^{출 현 어 세}
一大事因緣故　出現於世

3

^{불 고 사 리 불} ^{제 불 여 래} ^{단 교 화 보 살} ^{제 유 소 작 상 위 일 사}
佛告舍利弗　諸佛如來　但敎化菩薩　諸有所作常爲一事
^{유 이 불 지 지 견 시 오 중 생} ^{사 리 불} ^{여 래 단 이 일 불 승 고 위 중}
唯以佛之知見示悟衆生　舍利弗　如來但以一佛乘故爲衆
^{생 설 법} ^{무 유 여 승 약 이 약 삼} ^{사 리 불} ^{일 체 시 방 제 불 법 역}
生説法　無有餘乘若二若三　舍利弗　一切十方諸佛法亦
^{여 시} ^{사 리 불} ^{과 거 제 불 이 무 량 무 수 방 편 종 종 인 연 비 유 언}
如是　舍利弗　過去諸佛以無量無數方便種種因緣譬喩言
^사 ^{이 위 중 생 연 설 제 법} ^{시 법 개 위 일 불 승 고} ^{시 제 중 생 종}
辭　而爲衆生演説諸法　是法皆爲一佛乘故　是諸衆生從
^{제 불 문 법} ^{구 경 개 득 일 체 종 지} ^{사 리 불} ^{미 래 제 불 당 출 어}
諸佛聞法　究竟皆得一切種智　舍利弗　未來諸佛當出於
^세 ^{역 이 무 량 무 수 방 편 종 종 인 연 비 유 언 사} ^{이 위 중 생 연 설}
世　亦以無量無數方便種種因緣譬喩言辭　而爲衆生演説
^{제 법} ^{시 법 개 위 일 불 승 고} ^{시 제 중 생 종 불 문 법} ^{구 경 개 득}
諸法　是法皆爲一佛乘故　是諸衆生從佛聞法　究竟皆得
^{일 체 종 지} ^{사 리 불} ^{현 재 시 방 무 량 백 천 만 억 불 토 중 제 불 세}
一切種智　舍利弗　現在十方無量百千萬億佛土中諸佛世
^존 ^{다 소 요 익 안 락 중 생} ^{시 제 불 역 이 무 량 무 수 방 편 종 종 인}
尊　多所饒益安樂衆生　是諸佛亦以無量無數方便種種因
^{연 비 유 언 사} ^{이 위 중 생 연 설 제 법} ^{시 법 개 위 일 불 승 고} ^시
緣譬喩言辭　而爲衆生演説諸法　是法皆爲一佛乘故　是
^{제 중 생 종 불 문 법} ^{구 경 개 득 일 체 종 지} ^{사 리 불} ^{시 제 불 단}
諸衆生從佛聞法　究竟皆得一切種智　舍利弗　是諸佛但

법화경의 네 가지 보석

23

교화보살　욕이불지지견시중생고　욕이불지지견오중생
敎化菩薩　欲以佛之知見示眾生故　欲以佛之知見悟眾生

고　욕령중생입불지지견고　사리불　아금역부여시　지
故　欲令眾生入佛之知見故　舍利弗　我今亦復如是　知

제중생유종종욕심심소착　수기본성　이종종인연비유언
諸眾生有種種欲深心所著　隨其本性　以種種因緣譬喩言

사방편력이위설법　사리불　여차개위득일불승일체종지
辭方便力而爲説法　舍利弗　如此皆爲得一佛乘一切種智

고　사리불　시방세계중상무이승　하황유삼
故　舍利弗　十方世界中尚無二乘　何況有三

4

사리불　제불출어오탁악세　소위겁탁번뇌탁중생탁견탁
舍利弗　諸佛出於五濁惡世　所謂劫濁煩惱濁眾生濁見濁

명탁　여시사리불　겁탁난시중생구중　간탐질투성취제
命濁　如是舍利弗　劫濁亂時眾生垢重　慳貪嫉妒成就諸

불선근고　제불이방편력　어일불승분별설삼　사리불
不善根故　諸佛以方便力　於一佛乘分別説三　舍利弗

약아제자　자위아라한벽지불자　불문부지제불여래단교
若我弟子　自謂阿羅漢辟支佛者　不聞不知諸佛如來但敎

화보살사　차비불제자　비아라한　비벽지불
化菩薩事　此非佛弟子　非阿羅漢　非辟支佛

우사리불　시제비구비구니　자위이득아라한시최후신구
又舍利弗　是諸比丘比丘尼　自謂已得阿羅漢是最後身究

경열반　변불부지구아뇩다라삼먁삼보리　당지차배개시
竟涅槃　便不復志求阿耨多羅三藐三菩提　當知此輩皆是

증상만인　소이자하　약유비구실득아라한　약불신차법
增上慢人　所以者何　若有比丘實得阿羅漢　若不信此法

무유시처　제불멸도후현전무불　소이자하　불멸도후
無有是處　除佛滅度後現前無佛　所以者何　佛滅度後

如是等經　受持讀誦解義者　是人難得　若遇餘佛　於此
여시등경　수지독송해의자　시인난득　약우여불　어차

法中便得決了　舍利弗　汝等當一心信解受持佛語　諸佛
법중변득결료　사리불　여등당일심신해수지불어　제불

如來言無虛妄　無有餘乘唯一佛乘　爾時世尊　欲重宣此
여래언무허망　무유여승유일불승　이시세존　욕중선차

義　而說偈言
의　이설게언

3강

한문 경문

1

比丘比丘尼　有懷增上慢　優婆塞我慢　優婆夷不信
비구비구니　유회증상만　우바새아만　우바이불신

如是四衆等　其數有五千　不自見其過　於戒有缺漏
여시사중등　기수유오천　부자견기과　어계유결루

護惜其瑕疵　是小智已出　衆中之糟糠　佛威德故去
호석기하자　시소지이출　중중지조강　불위덕고거

斯人尠福德　不堪受是法　此衆無枝葉　唯有諸貞實
사인선복덕　불감수시법　차중무지엽　유유제정실

舍利弗善聽　諸佛所得法　無量方便力　而爲衆生說
사리불선청　제불소득법　무량방편력　이위중생설

衆生心所念　種種所行道　若干諸欲性　先世善惡業
중생심소념　종종소행도　약간제욕성　선세선악업

佛悉知是已　以諸緣譬喩　言辭方便力　令一切歡喜
불실지시이　이제연비유　언사방편력　영일체환희

或說修多羅 （혹설수다라）
譬喻并祇夜 （비유병기야）
於諸無量佛 （어제무량불）
我設是方便 （아설시방편）
所以未曾說 （소이미증설）

伽陀及本事 （가타급본사）
優波提舍經 （우바제사경）
不行深妙道 （불행심묘도）
令得入佛慧 （영득입불혜）
說時未至故 （설시미지고）

本生未曾有 （본생미증유）
鈍根樂小法 （둔근요소법）
眾苦所惱亂 （중고소뇌란）
未曾說汝等 （미증설여등）
今正是其時 （금정시기시）

亦說於因緣 （역설어인연）
貪著於生死 （탐착어생사）
爲是說涅槃 （위시설열반）
當得成佛道 （당득성불도）
決定說大乘 （결정설대승）

2

我此九部法 （아차구부법）
有佛子心淨 （유불자심정）
爲此諸佛子 （위차제불자）
以深心念佛 （이심심염불）

隨順眾生說 （수순중생설）
柔軟亦利根 （유연역리근）
說是大乘經 （설시대승경）
修持淨戒故 （수지정계고）

入大乘爲本 （입대승위본）
無量諸佛所 （무량제불소）
我記如是人 （아기여시인）
此等聞得佛 （차등문득불）

以故說是經 （이고설시경）
而行深妙道 （이행심묘도）
來世成佛道 （내세성불도）
大喜充遍身 （대희충변신）

佛知彼心行 （불지피심행）
乃至於一偈 （내지어일게）
無二亦無三 （무이역무삼）
說佛智慧故 （설불지혜고）

故爲說大乘 （고위설대승）
皆成佛無疑 （개성불무의）
除佛方便說 （제불방편설）
諸佛出於世 （제불출어세）

聲聞若菩薩 （성문약보살）
十方佛土中 （시방불토중）
但以假名字 （단이가명자）
唯此一事實 （유차일사실）

聞我所說法 （문아소설법）
唯有一乘法 （유유일승법）
引導於眾生 （인도어중생）
餘二則非眞 （여이즉비진）

종불이소승 終不以小乘　제도어중생 濟度於眾生　불자주대승 佛自住大乘　여기소득법 如其所得法

정혜력장엄 定慧力莊嚴　이차도중생 以此度眾生　자증무상도 自證無上道　대승평등법 大乘平等法

약이소승화 若以小乘化　내지어일인 乃至於一人　아즉타간탐 我則墮慳貪　차사위불가 此事為不可

약인신귀불 若人信歸佛　여래불기광 如來不欺誑　역무탐질의 亦無貪嫉意　단제법중악 斷諸法中惡

3

고불어시방 故佛於十方　이독무소외 而獨無所畏　아이상엄신 我以相嚴身　광명조세간 光明照世間

무량중소존 無量眾所尊　위설실상인 為說實相印　사리불당지 舍利弗當知　아본립서원 我本立誓願

욕령일체중 欲令一切眾　여아등무이 如我等無異　여아석소원 如我昔所願　금자이만족 今者已滿足

화일체중생 化一切眾生　개령입불도 皆令入佛道　약아우중생 若我遇眾生　진교이불도 盡教以佛道

무지자착란 無智者錯亂　미혹불수교 迷惑不受教　아지차중생 我知此眾生　미증수선본 未曾修善本

견착어오욕 堅著於五欲　치애고생뇌 癡愛故生惱　이제욕인연 以諸欲因緣　추타삼악도 墜墮三惡道

윤회육취중 輪迴六趣中　비수제고독 備受諸苦毒　수태지미형 受胎之微形　세세상증장 世世常增長

박덕소복인 薄德少福人　중고소핍박 眾苦所逼迫　입사견주림 入邪見稠林　약유약무등 若有若無等

의지차제견 依止此諸見　구족육십이 具足六十二　심착허망법 深著虛妄法　견수불가사 堅受不可捨

아만자긍고 我慢自矜高　첨곡심불실 諂曲心不實　어천만억겁 於千萬億劫　불문불명자 不聞佛名字

역불문정법 여시인난도 시고사리불 아위설방편
亦不聞正法 如是人難度 是故舍利弗 我爲設方便

설제진고도 시지이열반 아수설열반 시역비진멸
說諸盡苦道 示之以涅槃 我雖說涅槃 是亦非眞滅

제법종본래 상자적멸상 불자행도이 내세득작불
諸法從本來 常自寂滅相 佛子行道已 來世得作佛

4

아유방편력 개시삼승법 일체제세존 개설일승도
我有方便力 開示三乘法 一切諸世尊 皆說一乘道

금차제대중 개응제의혹 제불어무이 유일무이승
今此諸大衆 皆應除疑惑 諸佛語無異 唯一無二乘

과거무수겁 무량멸도불 백천만억종 기수불가량
過去無數劫 無量滅度佛 百千萬億種 其數不可量

여시제세존 종종연비유 무수방편력 연설제법상
如是諸世尊 種種緣譬喩 無數方便力 演說諸法相

시제세존등 개설일승법 화무량중생 영입어불도
是諸世尊等 皆說一乘法 化無量衆生 令入於佛道

우제대성주 지일체세간 천인군생류 심심지소욕
又諸大聖主 知一切世間 天人群生類 深心之所欲

갱이이방편 조현제일의 약유중생류 치제과거불
更以異方便 助顯第一義 若有衆生類 値諸過去佛

약문법보시 혹지계인욕 정진선지등 종종수복혜
若聞法布施 或持戒忍辱 精進禪智等 種種修福慧

여시제인등 개이성불도 제불멸도이 약인선연심
如是諸人等 皆已成佛道 諸佛滅度已 若人善軟心

28

여시제중생　개이성불도　제불멸도이　공양사리자
如是諸眾生　皆已成佛道　諸佛滅度已　供養舍利者

기만억종탑　금은급파리　자거여마노　매괴유리주
起萬億種塔　金銀及頗梨　車磲與馬腦　玫瑰琉璃珠

청정광엄식　장교어제탑　혹유기석묘　전단급침수
清淨廣嚴飾　莊校於諸塔　或有起石廟　旃檀及沈水

목밀병여재　전와니토등　약어광야중　적토성불묘
木蜜并餘材　塼瓦泥土等　若於曠野中　積土成佛廟

내지동자희　취사위불탑　여시제인등　개이성불도
乃至童子戲　聚沙爲佛塔　如是諸人等　皆已成佛道

약인위불고　건립제형상　각조성중상　개이성불도
若人爲佛故　建立諸形像　刻彫成眾相　皆已成佛道

혹이칠보성　투석적백동　백랍급연석　철목급여니
或以七寶成　鍮石赤白銅　白鑞及鉛錫　鐵木及與泥

혹이교칠포　엄식작불상　여시제인등　개이성불도
或以膠漆布　嚴飾作佛像　如是諸人等　皆已成佛道

한문 경문

1

彩畫作佛像　百福莊嚴相　自作若使人　皆已成佛道
乃至童子戲　若草木及筆　或以指爪甲　而畫作佛像
如是諸人等　漸漸積功德　具足大悲心　皆已成佛道
但化諸菩薩　度脫無量眾　若人於塔廟　寶像及畫像

以華香幡蓋　敬心而供養　若使人作樂　擊鼓吹角貝
簫笛琴箜篌　琵琶鐃銅鈸　如是眾妙音　盡持以供養
或以歡喜心　歌唄頌佛德　乃至一小音　皆已成佛道
若人散亂心　乃至以一華　供養於畫像　漸見無數佛

或有人禮拜　或復但合掌　乃至舉一手　或復小低頭
以此供養像　漸見無量佛　自成無上道　廣度無數眾
入無餘涅槃　如薪盡火滅　若人散亂心　入於塔廟中
一稱南無佛　皆已成佛道　於諸過去佛　在世或滅度

약유문시법 若有聞是法　개이성불도 皆已成佛道　미래제세존 未來諸世尊　기수무유량 其數無有量
시제여래등 是諸如來等　역방편설법 亦方便説法　일체제여래 一切諸如來　이무량방편 以無量方便
도탈제중생 度脫諸衆生　입불무루지 入佛無漏智　약유문법자 若有聞法者　무일불성불 無一不成佛
제불본서원 諸佛本誓願　아소행불도 我所行佛道　보욕령중생 普欲令衆生　역동득차도 亦同得此道

2

미래세제불 未來世諸佛　수설백천억 雖説百千億　무수제법문 無數諸法門　기실위일승 其實爲一乘
제불양족존 諸佛兩足尊　지법상무성 知法常無性　불종종연기 佛種從緣起　시고설일승 是故説一乘
시법주법위 是法住法位　세간상상주 世間相常住　어도량지이 於道場知已　도사방편설 導師方便説
천인소공양 天人所供養　현재시방불 現在十方佛　기수여항사 其數如恒沙　출현어세간 出現於世間

안은중생고 安隱衆生故　역설여시법 亦説如是法　지제일적멸 知第一寂滅　이방편력고 以方便力故
수시종종도 雖示種種道　기실위불승 其實爲佛乘　지중생제행 知衆生諸行　심심지소념 深心之所念
과거소습업 過去所習業　욕성정진력 欲性精進力　급제근리둔 及諸根利鈍　이종종인연 以種種因緣
비유역언사 譬喩亦言辭　수응방편설 隨應方便説　금아역여시 今我亦如是　안은중생고 安隱衆生故

이종종법문　선시어불도　아이지혜력　지중생성욕
以種種法門　宣示於佛道　我以智慧力　知眾生性欲

방편설제법　개령득환희　사리불당지　아이불안관
方便說諸法　皆令得歡喜　舍利弗當知　我以佛眼觀

견육도중생　빈궁무복혜　입생사험도　상속고부단
見六道眾生　貧窮無福慧　入生死嶮道　相續苦不斷

심착어오욕　여모우애미　이탐애자폐　맹명무소견
深著於五欲　如犛牛愛尾　以貪愛自蔽　盲瞑無所見

불구대세불　급여단고법　심입제사견　이고욕사고
不求大勢佛　及與斷苦法　深入諸邪見　以苦欲捨苦

위시중생고　이기대비심　아시좌도량　관수역경행
為是眾生故　而起大悲心　我始坐道場　觀樹亦經行

어삼칠일중　사유여시사　아소득지혜　미묘최제일
於三七日中　思惟如是事　我所得智慧　微妙最第一

중생제근둔　착락치소맹　여사지등류　운하이가도
眾生諸根鈍　著樂癡所盲　如斯之等類　云何而可度

3

이시제범왕　급제천제석　호세사천왕　급대자재천
爾時諸梵王　及諸天帝釋　護世四天王　及大自在天

병여제천중　권속백천만　공경합장례　청아전법륜
并餘諸天眾　眷屬百千萬　恭敬合掌禮　請我轉法輪

아즉자사유　약단찬불승　중생몰재고　불능신시법
我即自思惟　若但讚佛乘　眾生沒在苦　不能信是法

파법불신고　추어삼악도　아녕불설법　질입어열반
破法不信故　墜於三惡道　我寧不說法　疾入於涅槃

32

심념과거불 尋念過去佛
소행방편력 所行方便力
아금소득도 我今所得道
역응설삼승 亦應說三乘

작시사유시 作是思惟時
시방불개현 十方佛皆現
범음위유아 梵音慰喻我
선재석가문 善哉釋迦文

제일지도사 第一之導師
득시무상법 得是無上法
수제일체불 隨諸一切佛
이용방편력 而用方便力

아등역개득 我等亦皆得
최묘제일법 最妙第一法
위제중생류 爲諸衆生類
분별설삼승 分別說三乘

소지락소법 少智樂小法
부자신작불 不自信作佛
시고이방편 是故以方便
분별설제과 分別說諸果

수부설삼승 雖復說三乘
단위교보살 但爲教菩薩
사리불당지 舍利弗當知
아문성사자 我聞聖師子

심정미묘음 深淨微妙音
희칭나무불 喜稱南無佛
부작여시념 復作如是念
아출탁악세 我出濁惡世

여제불소설 如諸佛所說
아역수순행 我亦隨順行
사유시사이 思惟是事已
즉취바라내 即趣波羅奈

4

제법적멸상 諸法寂滅相
불가이언선 不可以言宣
이방편력고 以方便力故
위오비구설 爲五比丘說

시명전법륜 是名轉法輪
변유열반음 便有涅槃音
급이아라한 及以阿羅漢
법승차별명 法僧差別名

종구원겁래 從久遠劫來
찬시열반법 讚示涅槃法
생사고영진 生死苦永盡
아상여시설 我常如是說

사리불당지 舍利弗當知
아견불자등 我見佛子等
지구불도자 志求佛道者
무량천만억 無量千萬億

方便所説法 (방편소설법)
今正是其時 (금정시기시)
不能信是法 (불능신시법)
但説無上道 (단설무상도)
悉亦當作佛 (실역당작불)
説無分別法 (설무분별법)

曾從諸佛聞 (증종제불문)
爲説佛慧故 (위설불혜고)
著相憍慢者 (착상교만자)
正直捨方便 (정직사방편)
千二百羅漢 (천이백나한)
我今亦如是 (아금역여시)

皆來至佛所 (개래지불소)
如來所以出 (여래소이출)
鈍根小智人 (둔근소지인)
於諸菩薩中 (어제보살중)
疑網皆已除 (의망개이제)
説法之儀式 (설법지의식)

咸以恭敬心 (함이공경심)
我即作是念 (아즉작시념)
舍利弗當知 (사리불당지)
今我喜無畏 (금아희무외)
菩薩聞是法 (보살문시법)
如三世諸佛 (여삼세제불)

説是法復難 (설시법부난)
斯人亦復難 (사인역부난)
時時乃一出 (시시내일출)
一切三世佛 (일체삼세불)

正使出于世 (정사출우세)
能聽是法者 (능청시법자)
天人所希有 (천인소희유)
則爲已供養 (즉위이공양)

懸遠値遇難 (현원치우난)
聞是法亦難 (문시법역난)
一切皆愛樂 (일체개애요)
乃至發一言 (내지발일언)

諸佛興出世 (제불흥출세)
無量無數劫 (무량무수겁)
譬如優曇花 (비여우담화)
聞法歡喜讚 (문법환희찬)

我爲諸法王 (아위제법왕)
無聲聞弟子 (무성문제자)
諸佛之祕要 (제불지비요)
終不求佛道 (종불구불도)

汝等勿有疑 (여등물유의)
教化諸菩薩 (교화제보살)
當知是妙法 (당지시묘법)
如是等眾生 (여시등중생)

過於優曇花 (과어우담화)
但以一乘道 (단이일승도)
聲聞及菩薩 (성문급보살)
但樂著諸欲 (단요착제욕)

是人甚希有 (시인심희유)
普告諸大眾 (보고제대중)
汝等舍利弗 (여등사리불)
以五濁惡世 (이오탁악세)

당내세악인　문불설일승　미혹불신수　파법타악도
當來世惡人　聞佛說一乘　迷惑不信受　破法墮惡道

유참괴청정　지구불도자　당위여시등　광찬일승도
有慚愧淸淨　志求佛道者　當爲如是等　廣讚一乘道

사리불당지　제불법여시　이만억방편　수의이설법
舍利弗當知　諸佛法如是　以萬億方便　隨宜而說法

기불습학자　불능효료차　여등기이지　제불세지사
其不習學者　不能曉了此　汝等旣已知　諸佛世之師

수의방편사　무부제의혹　심생대환희　자지당작불
隨宜方便事　無復諸疑惑　心生大歡喜　自知當作佛

1강

한글 경문

1

　이때 세존께서 삼매에서 편안하게 일어나시어 사리불에게 말씀하시되 제불의 지혜는 깊고 깊으며 무량하여 그 지혜의 문 이해하기 어렵고 들어가기 어려워 일체 성문이나 벽지불이 알 수 있는 바아니라 하신다. 왜냐하면 부처님은 일찍이 백천만억 무수한 부처님을 가까이하여 제불의 무량한 불법을 다 행하였고 용맹하게 정진하여 이름이 널리 알려졌으며 일찍이 없던 깊은 법을 성취하였으며 중생들의 근기에 따라서 설한 법은 그 뜻을 알기가 어렵느니라. 사리불이여 내가 성불한 이래로 온갖 인연과 비유로 두루 가르침을 설하며 무수한 방편으로 중생들을 인도하여 모든 집착을 여의게 하느니라. 왜냐하면 여래는 방편과 지견바라밀을 모두 갖추었기 때문이니라.

사리불이여! 여래지견은 광대하고 심원하여 무량하고 장애가 없으며 지혜의 힘(십력)과 두려움이 없음과 선정과 해탈과 삼매에 깊이 들어가되 끝이 없으며 일체의 미증유법을 성취하느니라.

사리불이여! 여래는 능히 갖가지로 분별하여 온갖 법을 잘 설하느니 말씀은 부드러우며 대중들의 마음을 환희케 하느니라. 사리불이여 요점을 말하자면 부처님께서는 무량무변 미증유법을 모두 성취하였느니라.

그만두어라 더 이상 말할 필요가 없느니라. 왜냐하면 부처님 성취한 바는 가장 희유하고 이해하기 어려운 법(法)이기 때문이다. 오직 부처님만이 제법실상(諸法實相)을 모두 깨달아 다 이해할 수 있나니, 이른바 제법이란 여시상 여시성 여시체 여시력 여시작 여시인 여시연 여시과 여시보 여시본말구경 등이니라.

이때 세존께서 이 뜻을 거듭 밝히려고 게(偈)를 설하여 이르셨다.

2

세존은 헤아릴 바가 없네.
천상과 인간과 일체 중생들
능히 부처님을 알 수 있는 이는 없나니
부처님 지혜력과 무소외에
해탈과 모든 삼매와 부처님의 나머지 법
능히 측량할 이 없네.

본래부터 무수한 부처님 따라
모든 도를 두루 행하니 심심미묘법이
보기도 이해하기도 어렵지만
무량억겁 동안 이 모든 도를 행하고 나서
도량에서 마침내 불도를 이루어 내 이미
그 모두를 다 깨달아 알게 되었네.

이와 같은 큰 과보와 온갖 본성과
형상의 의미(십여시를 의미함)를
나와 시방불만이
이에 능히 그 일을 알 수 있네.
이 법은 가히 보여 줄 수가 없으며
언어로 표현할 길 없으며
다른 모든 중생들 이해하기 어려워라.
보살대중 가운데 믿음의 힘이
견고한 사람만이 예외이네.
불제자 가운데 일찍이 제불을 공양하고
일체의 번뇌가 다하여 최후신에 머무르는
이러한 사람들의 힘으로도 감당하지 못하네.

설령 세상을 가득 채워 모두 사리불과 같이
지혜롭다고 하여도 그들 모두 생각하고

헤아려 보아도 능히 부처님 지혜를 알 수 없네.
설령 시방세계를 가득채워 모두
사리불과 같게 하고 다른 제자들 또한
시방세계를 가득채워 다 함께 생각하여도
또한 불지혜를 알 수 없네.
벽지불의 날카로운 지혜와 번뇌가 없는
최후의 몸으로 시방세계를 가득 채워
그 수가 마치 대나무 숲과 같이 많아
그들이 함께 일심으로 억만 무량겁 동안

불지혜를 생각하여도 그 일부분도
능히 알지 못하네.
새로 발심한 보살이 무수한 부처님 공양하고
모든 뜻에 통달하고 또한 능히 설법을 잘하는
이들이 마치 벼처럼 삼처럼 대나무처럼 갈대처럼
시방세계를 가득 채워 일심으로 뛰어난 지혜로
항하사겁 동안 모두 함께 생각하여도 불지혜를
능히 알 수 없다네.
불퇴전 모든 보살들 그 수가 항하의
모래와 같이 많은데 일심으로 함께
생각하여도 또한 능히 알 수 없네.

또한 사리불에게 이르노니 번뇌가 없고
깊고 미묘한 법 내 지금 이미 얻었노니
오직 내가 이 실상을 알고
시방불 또한 그러하네.
사리불이여 마땅히 알라
제불의 말씀도 다르지 않네
부처님의 설법에 마땅히 큰 믿음의
힘을 일으키라. 세존은 법이 오래된
이후에 마땅히 진실을 설하네.
모든 성문대중과 연각대중에게 이르노니
나는 고통의 결박을 풀게 하고 열반을
얻게 하는 사람이라.
부처님은 방편력으로 삼승의 가르침을 보여
중생들이 곳곳에 집착함을 알고 그들을
인도하여 집착에서 벗어나게 하네.

3

이때 대중 가운데 여러 성문들 있어 번뇌가 다한 아라한으로 아야교진여 등 천 이백인과 성문 벽지불의 마음 일으킨 비구 비구니 우바새 우바이 등이 각기 이러한 생각을 하되 '이제 세존께서 어떤 까닭으로 은근히 방편을 칭찬하고 찬탄하여 말하길 「부처가 얻은 법은 깊고 깊어 이해하기 어렵고 말로 설한 바는 그 의도를 알기 어려우니 모든 성문 벽지불이 능히 알 수 없다」라고 하시는가?
부처님은 하나의 해탈 도리(일불승)를 설하시되 우리들 또한 이 법
을 얻어서 열반에 도달하지만 지금 이 뜻을 알지 못하는 바라.'

　이때 사리불이 사부대중의 의심을 알고 스스로도 그 뜻을 알 수
없어 부처님께 여쭈어 말하되 "세존이시여 어떤 인연으로 은근
히 제일의 방편과 심심미묘 난해한 법을 찬탄하십니까? 저는 옛날
부터 부처님으로부터 이러한 설법을 일찍이 듣지 못했습니다. 지
금 사부대중이 모두 함께 의심하고 있으니 오직 원하옵나니 세존
이시여! 이 일을 자세히 설해 주소서! 세존이 어떤 까닭으로 은근
히 심심미묘 난해지법을 찬탄하시나니까?"이때 사리불이 이 뜻
을 거듭 펴려 게를 설하여 말하였다.

4

지혜의 태양이신 세존께서
오늘에야 이 법을 설하시니
스스로 이르시되 '나는 힘과
두려움 없음과 삼매 선정 해탈 등
불가사의 법을 얻었네'
도량에서 얻은 법 묻는 이
없으며 내 뜻 측량하기 어렵다
하나 또한 묻는 이 없지만
스스로 설해 행한 바 불도에 대해

법화경의 네 가지 보석

찬탄하되 '지혜 매우 미묘하며
제불만이 얻은 바라' 번뇌 다한
아라한과 열반을 구하는 이는
지금 모두 의혹에 빠져 부처님께서 왜
이와 같이 설하시는지 의아해 하네.
그 연각을 구하는 이와 비구 비구니
천룡 귀신 건달바 등이 서로 바라보며
망설이며 세존을 우러러보며 여쭙되
"이 일은 어떤 까닭입니까? 원컨대
여러 성문들 가운데 부처님 설하시길
내가 제일이라 하나 나는 지금 나의 작은
지혜로는 알 수가 없습니다.
이것은 궁극의 도리입니까? 수행하는 길을
말하는 것입니까?

부처님 입에서 태어난 자식들
합장하고 우러러 기다리니 원컨대
미묘음을 나타내어 때 맞추어 여실히
설해주소서! 여러 천룡과 신 등 그 수가
항하수 모래와 같고 불도를 구하는
보살들 큰 수가 8만이며
또한 만억 국토의 전륜성왕들 이곳에

와서 합장하고 공경한 마음으로
불법을 듣기 원하옵니다."

2강
한글 경문

1

이때 부처님께서 사리불에게 이르시되 "그만두어라 더 이상 설할 필요가 없느니라. 만약 이 일을 설하면 일체세간의 천상과 인간이 모두 놀라고 의심하리라."

사리불이 거듭 부처님께 말씀하시되 "세존이시여 원컨대 그것을 설해주소서. 설해주소서. 왜냐하면 이 법회의 무수한 백천만억 아승지 중생들 일찍이 부처님들 친견하고 몸과 마음이 용맹하고 명석하며 지혜는 명료하니 부처님 설법을 듣는다면 곧바로 공경하고 믿게 될 것입니다."

이때 사리불이 거듭 그 뜻을 펴려 게를 설하되

법왕이시며 더없이 존귀하신
분이시여 오직 설하시되 염려 마소서
이 법회의 무량한 대중들 가운데는
능히 공경하고 믿을 이 있을 것입니다.

부처님께서 사리불에게 "그만두어라 이 일을 설한다면 모든 세상의 천상 인간 아수라가 모두 놀라고 의심하며 증상만 비구도 장차 큰 구덩이(지옥)로 떨어지리라." 이때 세존께서 거듭 게를 설하시되

그만두어라. 설할 필요가 없느니라.
내 법은 미묘하여 헤아리기 어려우니
아만심 있는 사람들이 듣는다면
반드시 놀라거나 믿지
않을 것이니라.

이때 사리불이 거듭 부처님께 말씀드리되, "세존이시여 오직 원컨대 설해 주소서 부디 설법해 주소서. 지금 이 법회 대중들과 같은 백천만억 무리들은 세세생생에 이미 일찍이 부처님께 교화를 받았사오니 이 사람들이 반드시 공경히 믿고 긴 밤에 편안하여 이익됨이 많을 것입니다." 이때 사리불이 거듭 이 뜻을 펴려 게를 설하여 말하되

더 없이 높은 세존이시여
원컨대 으뜸의 가르침을 설하소서.
저는 부처님의 장자이니 오직
분별하여 설하여 주소서.

이 법회의 무량한 대중들 능히
이 법을 공경하고 믿을 것입니다.
부처님께서 세세생생에 이들을
교화하시니 모두 일심으로 합장하여
부처님의 말씀을 듣고자 하옵니다.
저희들 천이백 명과 나머지 불도를
구하는 사람들을 위해서 원컨대
분별하여 설법을 내려주소서.
저희들이 이 법을 듣는다면
곧 대환희심을 내게 될 것입니다.

2

이때 세존께서 사리불에게 말씀하시되 "그대가 이미 은근히 세 번이나 청하니 어찌 설하지 않겠는가? 그대는 이제 자세히 들어 이것을 잘 생각하라. 내가 마땅히 그대를 위해서 분별하여 해석하리라." 이 말씀을 하실 때 대중 가운데 비구 비구니 우바새 우바이 5천 명이 즉시 자리에서 일어나 예불하고 퇴장하니 왜냐하면 이 무리들 죄의 뿌리가 깊고 무거우며 동시에 아만심이 있어 수행을 성취하지 못했으면서 했다고 하고 깨닫지 못했으면서 깨달았다고 말하여 이와 같은 실수가 있었기 때문이다. 그래서 법회에 머물지 않으니 세존께서 말없이 있으면서 그들을 제지하지 않으셨다. 이때 부처님께서 사리불에게 말씀하시되 "이제 이 무리 가운데 지엽적인 사람들은 없고 참된 사람들만 남았다. 이와 같은 증상만(아만심) 무리들은 물러가도 괜찮다. 그대는 이제 잘 들어라. 마땅히 그대를 위해서 설법하리라." 사리불이 말씀드리되 "오직 원컨대 세존이시여 설법해 주시옵소서!"

부처님께서 사리불에게 말씀하시되 "이와 같은 묘법은 제불여래가 때가 되어서야 비로소 설법하나니 마치 우담발라화가 때가 되어서 한 번 피어나는 것과 같으니라.

사리불이여 그대들은 마땅히 부처의 설법을 믿으라. 설법에 허망함은 없느니라.

사리불이여 제불의 근기에 따라서 설법함은 뜻을 이해하기 쉽지 않느니라. 왜냐하면 내가 무수한 방편과 온갖 인연과 비유와 이야기로 제법을 연설하니 이 법은 사량분별로 이해할 바가 아니니라. 오직 모든 부처님만이 이에 그것을 능히 알 수 있느니라. 왜냐하면 제불세존이 오직 일대사인연으로 세상에 나오시기 때문이니라.

사리불이여! 어떤 것을 이름하여 제불세존이 오직 일대사인연으로 세상에 출현한다 말하는가? 제불세존이 중생들로 하여금 부처의 지혜(佛知見)를 열어(開) 청정함을 얻게 하기 위하여 세상에 나타나시며, 중생들로 하여금 부처의 지혜를 보여주기(示) 위해서 세상에 나타나시며, 중생들로 하여금 부처의 지혜를 깨닫게(悟) 하기 위해서 세상에 나타나시며, 중생들로 하여금 깨달음으로 들어가게(入) 하기 위해서 세상에 나타남이라. 사리불이여 이것을 제불이 일대사인연으로 세상에 나타나는 것이라 말한다."

3

부처님께서 사리불에게 말씀하시되 "제불여래는 단지 보살을 교화하느니라.

모든 불사(所作)는 항상 한 가지 일을 위함이니, 오직 부처님의 깨달음을 중생에게 보여 깨치게 하기 위함이니라.

사리불이여 여래는 다만 일불승(一佛乘)으로써 중생을 위해 설법하는 것이지 이승(二乘)이나 삼승(三乘) 등 나머지 승은 없느니라.

사리불이여 일체 시방제불의 가르침 또한 이와 같느니라.

사리불이여 과거 제불이 무량 무수 방편과 온갖 인연과 비유와 언사로 중생을 위해서 제법을 연설하시니 이 법은 모두 일불승을 위한 까닭으로 모든 중생들이 제불에게 불법을 듣고 결국 모두 최상의 깨달음을 얻느니라.

사리불이여 미래 제불도 마땅히 세상에 출현하시어 또한 무량 무수 방편과 온갖 인연과 비유와 언사로 중생을 위해서 제법을 연설하시니 이 법은 모두 일불승을 위한 까닭으로 모든 중생들이 제불에게 불법을 듣고 결국 모두 최상의 깨달음을 얻느니라.

사리불이여 현재 시방의 무량 백천만억 불토 가운데 제불세존도 이익을 주심이 많으며 중생들을 안락하게 하며, 이 제불도 또한 무량 무수 방편과 온갖 인연과 비유와 언사로 중생을 위해서 제법을 연설하시니 이 법은 모두 일불승을 위한 까닭으로 모든 중생들이 제불에게 불법을 듣고 결국 모두 최상의 깨달음을 얻느니라.

사리불이여 이 제불은 단지 보살들을 교화하시나니 부처님의 지혜를 중생들에게 열어 보이고 깨닫게 하고 불지혜에 들어가게 하시느니라.

사리불이여 이제 나 또한 이와 같으니 모든 중생의 온갖 욕망과 마음속 깊이 집착하는 바를 알아 그 본성에 따라 온갖 인연 비유 언사와 방편력으로 설법을 하느니라.

사리불이여 이것은 모두 일불승을 통해서 최상의 깨달음을 얻기 위함이니라.

사리불이여 시방세계에 오히려 이승이 없거늘 하물며 삼승이 있겠는가!"

4

"사리불이여 모든 부처님은 오탁(五濁) 악세에 출현하시나니, 오탁 악세란 이른 바 겁탁·번뇌탁·중생탁·견탁·명탁이 그것이라.

사리불이여 이와 같이 겁이 탁하고 어지러울 때, 중생들 업장이 두텁고 인색함과 탐욕심 많으며, 질투하여 모든 악업의 뿌리 심었거늘 모든 부처님 방편력으로 일불승에서 분별하여 삼승을 설하느니라.

사리불이여 만약 나의 제자가 스스로 아라한이나 벽지불이라 말하면서 제불여래가 단지 보살들을 교화하시는 일을 듣지도 알지도 못한다면 이들은 불제자가 아니며 아라한이나 벽지불도 아니니라. 또한 사리불이여 여러 비구 비구니들이 스스로 말하되 '이미 아라한의 경지를 얻어 최후신과 구경열반을 증득했노라'고 하고 아뇩다라삼먁삼보리를 다시 구할 뜻이 없다면 마땅히 알라. 이들은 모두 다 증상만인이라. 왜냐하면 만약 비구들이 있어 실로 아라한의 경지를 얻었다면 이 법을 믿지 않을 까닭이 없느니라.

부처님 멸도 후에 눈앞에 부처님 안 계신 때는 예외니라. 왜냐하면 불멸도 후에 이 같은 경전을 수지 독송하고 그 뜻을 이해하는 사람들은 만나기 어렵기 때문이니라. 만약 다른 부처님 만나면 이 법 가운데서 곧 결정코 이해하게 되리라.

사리불이여 그대들은 마땅히 일심으로 믿고 이해하며 부처님 말씀을 수지하라. 제불여래의 말씀은 허망하지 않나니 다른 승(乘)은 없고 오직 일불승만 있느니라." 이때 세존께서 이 뜻을 거듭 펴려고 게를 설하느니라.

3강

한글 경문

1

비구 비구니로 아만심 가진 사람과
우바새로 아만심 있는 사람과
우바이로 불신하는 사람들 이와 같은
대중들 그 수가 오천 명이라.

스스로 그 잘못을 보지 못하며
계에도 결함이 있고 그 결점을
지키고 아끼더니 이 지혜가 적은
사람들 이미 나갔네. 대중의 찌꺼기들
부처님 위덕으로 나가니 이들은 복덕이
적어 이 법을 감당하지 못하리라.
이 대중들 지엽은 사라지고 오직 참된
사람들만 남았네.

사리불이여 잘 들어라.
제불이 얻은 법 무량 방편력으로
중생들 위해서 설하니 중생들
생각하는 바와 온갖 수행법과
온갖 욕망과 선세의 선악업
부처님 이미 이것을 다 아시고
모든 인연 비유와 언사 방편력으로
모두를 환희케 하며 혹은 경전과
게송과 본사와 본생담과 미증유법을
설하며 또한 인연을 설하며

비유와 게송과 논과 경을 설하시니
둔한 사람들은 작은 법을 좋아해

생사에 집착해 무량불소에서
깊은 불도를 닦지 않으며
온갖 고통을 받기에 이들 위해서
열반을 설하니
나는 방편을 놓아서 불지혜에
들어가게 하되 일찍이
'그대들은 마땅히 성불하리라.'고
설하지 않았느니라.
그 이유는
(설하지 않음은) 설할 때가
아직 이르지 않음이라.
지금 그 설할 때가 바로 되었기에
결정코 대승을 설하느니라.

2

내가 이 구분법을 중생 근기따라
설함은 대승에 들어가 근본을 삼고자
하기 위해서 이 경전을 설함이니라.
어떤 불자들 있어 마음이 맑고
부드러우며 총명하고 무량불소에서
불도를 깊게 닦기에 이들을 위해서
이 대승경전을 설하느니라.

내가 이들에게 내세에 성불하리라는
수기를 주는 것은 이들이
마음속 깊이 염불하고 청정한
계율을 잘 닦기 때문이니라.
이들이 성불하리라는 말을 듣고
큰 기쁨으로 온몸이 충만하리라.

부처는 그들 마음을 아는
까닭에 대승을 설하느니라.
성문이나 보살 내 설법 중에서
게송 하나라도 들었다면
모두 성불함에 의심이 없으리라.
시방 불토 중에서
오직 일불승만 있을 뿐
이승이나 삼승은 없지만
부처의 방편설로 단지 방편
문자로 인도함은 예외니라.
불지혜 설하고자 제불이 세상에
출현하나니 오직 이 하나만 진실하고
다른 두 가지는 곧 진실이 아니라.

결국 소승으로 중생을

제도하는 것이 아니라.
부처님은 대승에 자재하여
마치 그 얻은 법은 선정과
지혜력으로 장엄하여 이로써
중생들 제도하며 스스로 무상도
대승의 평등법 증득하네.
만약 소승으로
한 사람이라도 교화한다면
나는 곧 간탐에 떨어지는 것이라
이것은 불가하느니라.
만약 어떤 사람이 부처님 믿고
귀의하면 여래는 속이지 않으며
또한 탐욕과 질투 없나니,
세상의 악 끊는 것이라.

3

부처님은 시방세계에
홀로 두려움 없느니라.
나는 32상 장엄한 몸으로
광명을 세간에 비추어 무량한
중생들에게 존경 받으며
진리의 도리를 설하노라.

사리불이여 마땅히 알라.
내가 본래 세운 서원
 '일체중생으로 하여금
나와 같아서 다르지 않음을
알게 하고자 함' 이니
내가 옛날에 세운 서원대로
지금 모두 이미 만족하였으니
일체중생 교화하여 일체중생
모두 불도에 들어가게 하네.
만약 내가 중생들 만나서
불도를 다 가르친다면
무지자는 착란을 일으키고
미혹한 사람들 가르침을
받으려고 하지 않으니
나는 이 중생들 일찍이
선행을 닦지 않고

오욕락에 깊이 집착하고
어리석음과 애욕으로
괴로움이 생기며
온갖 욕망으로 삼악도에
떨어지고 육도를 윤회하며

온갖 고통 받으며 태중에 들어가
세세생생에 자라며 박덕하고
박복하여 온갖 고통 당하며
사견에 빠져 있니 없니 따위의
논쟁을 일삼으며 이런 사견에
의지하여 62사견을 탐닉하여
허망법에 깊이 집착하여 버리지 못하나니.

아만심 높고 나쁜 마음으로
진실하지 못하며 천만억겁 동안
부처님 이름조차 듣지 못함을 아느니라.
또한 정법도 듣지 못해
이 같은 사람은 제도하기 어렵다네.
이런 까닭에 사리불이여
나는 방편을 설하며 모든 고를
멸하는 길을 설하여 열반을 보이네.
내가 비록 열반을 설하나
이것도 진정한 열반은 아니라.
불자들이 열심히 수행한다면
제법은 본래로 스스로 고요한
모습을 지니고 있는 이치를 깨달고
내세에 모두 부처가 되리라.

4

나는 방편력이 있어 삼승법
열어 보이며 일체 세존은
모두 일승도를 설하네.
지금 여기 모든 대중들 모두
응당 모든 의혹을 없애라.
제불의 말씀은 다르지 않나니
오직 일승만 있고
이승은 없느니라.
과거 무수겁 동안 멸도하신
무량한 부처님 백천만억 분들
그 수 불가량이라. 이와 같은
모든 세존 온갖 인연 비유 무수한
방편력으로 설법하시나니

이 모든 부처님 모두 일승법
설하여 무량중생들 교화하여
불도에 들어가게 하시네.
또한 모든 세존 일체세간의 중생들
마음속 깊은 욕망들 아시고
서로 다른 방편으로 일불승 드러내시니
만약 중생들 모든 과거불 만나

법을 듣고 보시 지계 인욕 정진 선정
지혜 등 육바라밀행으로
온갖 복과 지혜를 닦는다면

이와 같은 모든 중생들
모두 다 불도를 이루리라.
제불 멸도 후에 어떤 사람 착하고
부드러운 마음 있으면
이 같은 사람 모두 이미 불도를
이룬 것이며 제불 멸도한 후에
불사리에 공양하는 사람들
온갖 종류의 탑을 세우되
금은 파리 자거 마노 매괴 유리구슬로
청정히 장엄하고 탑을 꾸미되
혹은 석묘를 세우고 전단과
침수와 목밀과 다른 목재 벽돌과
진흙 등으로 만들며 혹은 광야에서
흙을 쌓아서 불묘를 만들며

어린아이들이 장난으로
모래를 쌓아서 불탑을 만들면
이와 같은 사람들 모두 불도를

이미 이룬 것이 되느니라.
만약 어떤 사람 부처님 위해서
 모든 형상을 만들되 여러 모양
조각하면 모두 이미 불도를
이룬 것이며 혹은 칠보나
투석 적백동 백랍 아연 주석 철
나무 혹은 진흙과 교칠포로
장식하여 불상을 조성하면
이 같은 사람들 모두 이미
불도를 이룬 것이니라.

한글 경문

1

채색하여 그림으로 불상을 만들되
온갖 복을 갖춘 장엄한 모습
스스로 그리거나 남을 시켜서
그려도 모두 이미 불도를

성취한 것이니라.
그리고 어린이들이 놀면서
초목이나 붓이나 손톱으로 그려서
불상을 만들어도 이 같은 사람들
점점 공덕을 쌓아서 대비심을
구족하게 되며 모두 이미
불도를 이룬 것이며 모든 보살들
교화하고 무량중생 제도한 것이니라.
만약 사람들 탑묘에 보배
조각상이나 그림으로 된 것

꽃과 향이나 번이나 양산 등을
공경히 바치거나 사람들을
시켜서 풍악을 울리거나
북 치고 각패 불며 피리 거문고
공후 비파 징 동발 등 이와 같은
음악으로 다 공양하거나
환희심으로 불공덕을 노래하고 칭
송하되 한 마디만 해도 모두
이미 불도 이룬 것이니라.
만약 어떤 사람이 산란한 마음으로
한 송이 꽃을 불상이나 불화에

공양하더라도 점차 무수한
부처님을 친견하며

혹은 어떤 사람 있어
예배하고 단지 합장하거나
한 손을 들거나 혹은 머리만
약간 숙이거나 하여 이렇게
불상에 공양한다 하여도
점차 무량한 부처님을 친견하고
스스로 무상도를 이루며
무수한 중생을 두루 제도하여
땔나무가 모두 타서 없어져
불이 소멸하듯이 완전한
열반에 들어가게 되느니라.
만약 어떤 사람 불탑에 들어가
산란한 마음으로 '나무불' 이라고
한 번만 염불하더라도
모두 다 불도를 이루게 되며
과거제불 세상에 있을 때나
멸도한 후에나

이 법을 들은 사람들 모두 다

이미 불도를 이룬 것이니라.
미래의 모든 부처님 그 수가
한량없으며 이 모든 부처님
또한 방편으로 설법하시니
일체여래 무량방편으로
모든 중생 제도하여
불무루지에 들게 하시네.
만약 설법 들으면 한 사람도
성불하지 못할 사람 없나니
제불의 본래 서원 '내가 닦은 불도
두루 중생들로 하여금 함께
이 불도를 얻게 하소서' 이니라.

2

미래세 제불 비록 백천억 무수한
법문 설하지만 사실은
일승을 위함이니 제불 양족존 법에
실체가 없음을 아시며
부처의 씨앗은 인연 따라
일어나기에 일승을 설하며
이 법은 진리에 머무르며
변하는 세간의 모습 그대로가

진리의 세계이니 도량에서
이미 아시고 세존께서
방편으로 설하시네.
천상의 인간들이 공양올리는 현재
시방불 그 수가 항하의 모래수와
같이 많은데 세간에 나오시어

중생을 편안하게 하기 위해서
이와 같은 법을 설하시네.
최고의 적멸 알지만
방편력으로 비록 종종의
불도를 보이지만 사실은
일불승을 위함이니라.
중생들 행동과 마음속 생각과
과거 익힌 업과 욕망 정진력과
어리석음과 지혜로움 모두
아시고 온갖 인연 비유와 언사로
그들 근기 따라 응해서 방편으로
설법하시니 지금 나 또한 그와 같아
중생들 편안하게 하기 위한 까닭에

온갖 법문으로 불도를 보이며

내가 지혜력으로 중생들
성욕을 알며 방편으로 제법을
설하여 모두 기쁨을 얻게 하느니라.
사리불이여 마땅히 알라.
나는 불안으로 육도 중생을
관찰하건데 빈궁하고
복과 지혜가 없으며 생사의
험한 길에 들어가 계속해서
고통이 끝나지 않고 오욕에
깊이 집착해 마치 모우가
꼬리를 좋아하는 것과 같으며
탐애로 스스로 가려서
보지 못하는 것을 아느니라.

큰 위신력 있는 부처님을
찾지 않으며, 고통의 길 끊으려
노력하지 않고 사견에 깊이 빠져
고로써 고통을 버리려 하니
이런 중생들 위해서
대비심을 일으키네.
내가 처음에 도량에 앉아
나무를 관하고 가볍게 걷되

21일 동안 이런 일을 생각하되
'내가 얻은 지혜 미묘하고
으뜸이라 중생들 근기가 낮아
즐거움에 집착해 어리석어
눈이 어두우니 이런 사람들
어찌 제도할 것인가?'

3

그때 모든 범천왕과 제석천
세상을 지키는 사대천왕과
대자재천과 모든 하늘나라 대중들
그 권속 백천만이 공경히
합장하고 예배하며 나에게
법륜을 굴리기를 청하니
나는 곧 조용히 생각하되
만약 단지 일불승만 찬탄한다면
중생들 고통에 빠져
이 법을 능히 믿지 못하리라.
법을 파하고 불신한 까닭에
삼악도에 떨어지리니
내가 차라리 설법을 하지 않고
바로 열반에 들리라.

과거불 행한 방편력을 생각하고
내가 지금 얻은 불도를 또한
삼승으로 설하리라고 이런 생각을
할 때 시방의 부처님 모두 나타나
범음으로 나를 위로하되
'훌륭하십니다. 석가모니시여
최고 스승이시며 무상의 도를
얻어서 일체불 따라서 방편력을
사용하시니 우리들 또한 최고
뛰어난 법을 얻었으니 중생들
위해서 분별하여 삼승을 설하소서.

지혜가 적은 이들 소법을 즐겨
스스로 부처가 됨을 믿지 못하니
이런 까닭에 분별하여 모든 과보를
설하나니 비록 삼승을 설하지만
보살들 교화하기 위함입니다.'
사리불이여 마땅히 알라.
나는 부처님의 깊고 맑은
미묘음을 듣고 기뻐하며 '나무불' 을
부르고 다시 생각하되
　'나는 오탁악세에 출현하여

제불 설한 바대로 나 역시
따라 행하리라' 이렇게 생각하고
나서 곧 바라나시로 갔느니라.

4
제법의 적멸상은 말로
펼칠 수 없는 것이라.
방편력으로 다섯 비구에게
설하니 이름하여 전법륜이라.
곧 열반과 아라한 법과 스님 등의
이름이 생기니 오래 전부터
열반법을 찬탄하되 생사고통
영원히 멸하리라고 나는 항상
이렇게 설하느니라.
사리불이여 마땅히 알라.
나는 불자들을 보되 불도를
구하는 이들이 무량천만억이며

모두 공경한 마음으로
부처님 처소로 나아가 일찍이
제불로부터 방편 설법을
들은 사람들이라.

나는 곧 이와 같은 생각을 하되
여래가 세상에 나온 까닭은
불지혜를 설하기 위함이니
지금이 바로 그때이니라.
사리불이여 마땅히 알라.
둔하고 지혜가 적은 사람과
상에 집착하고 교만한 사람들은
능히 이 법을 믿지 못하리니
이제 내가 기뻐하며 두려움 없이
보살들 가운데서 정직하게 방편
버리고 단지 무상도를 설하나니
보살들 이 법 듣고 의혹 모두
사라지고 천이백 아라한들도
또한 모두 마땅히 부처가 되리라.
마치 삼세제불 설법하는 의식
나도 이와 같아
지금 무분별법 설하느니라.

제불 출세는 멀고 멀어
만나기가 어려우며 바로 세상에
출현해도 이 법 설하시기
더 어려우며 무량 무수겁에

이 법 듣기 또한 어렵네.
이 법을 듣는 사람들 또한
더 어렵네. 마치 우담발라화
모두가 좋아하며 천인들
바라는 바지만 어쩌다가 한번
나타나는 것처럼 법을 듣고
환희심으로 찬탄하되
한 마디라도 한다면 곧
일체 삼세불을
이미 공양한 것이라.

이 사람은 심히 희유하여
그 공덕이 우담발라화를
능가한 것이니라.
그대들은 의심치 말라
나는 법왕이 되어 두루 모든
대중들에게 고하되 단지 일승도로써
보살들 교화하고 성문제자들은
없노라고. 그대들 사리불과
성문 보살들 마땅히 알라.
이 묘법은 제불의 비밀스럽고
중요한 가르침으로 오탁악세에

단지 모든 욕망에 집착한
이러한 중생들 결국
불도를 구하지 않기에
마땅히 내세 악인들 부처님
일승법 설함을 듣고 미혹하여
믿고 받아들이지 않으며
법을 파하고 악도에 떨어지리니,

부끄러움 있으며 청정하여 불도를
구하는 사람 있으면 마땅히
이들 위해서 두루 일승도를 찬탄하라.
사리불이여 마땅히 알라.
모든 불법이 이와 같아
만억 가지 방편으로 근기 따라서
설법하나니 그것을 배우고 익히지
않는 사람은 깨달을 수 없나니
그대들은 이미 세상의 스승이신
제불의 수의방편설을 알기에
더 이상 의혹이 없다네.
마음에 큰 환희심 생기니 스스로 알라
마땅히 부처가 되리란 것을.

강의

제법 실상의 세계와 백장야호(百丈野狐)

　방편품의 시작 부분으로 부처님께서 삼매에서 깨어나서 사리불에게 제불 지혜의 세계는 심심 무량하여 그 지혜의 문은 이해하기도 어렵고 들어가기도 어렵다고 설한다. 부처님께서 성취하신 지혜는 오직 부처님만이 그 깊이와 폭을 가늠할 수 있는 것이며 그것을 존재의 실상인 십여시로 표현하고 있다.

　이 세계는 수행을 통해서 성취할 수 있는 부처님의 지혜 곧 깨달음의 세계를 말한다.

　백장(720~814)스님은 중국 당나라 때 선종의 고승으로 「하루 일하지 않으면 하루 먹지 않는다」 는 백장 청규로 널리 알려진 스

70

님인데 백장스님과 여우와 얽힌 이야기가 선가에서 유명한 화두로 내려오고 있다.

〈백장스님이 설법을 할 때마다 한 노인이 늘 와서 설법을 듣고 마치면 대중들과 함께 나가곤 하였는데, 하루는 백장스님이 설법을 다 마쳤는데도 떠나지 않기에 무슨 사연이 있는 것인가 묻는다. 그 노인이 대답하기를 사실은 자신이 과거 가섭불 때에 이 산에서 열심히 수행한 고승이었는데 어느 신자가 하루는 법회 때 질문을 하기에 그 대답을 했는데 잘못된 대답을 한 과보로 500생 동안 여우의 몸을 받아서 지금까지 축생의 업으로 살아가고 있다고 답한다. 그러자 백장스님이 도대체 무슨 질문과 대답이었는지 묻는다. 「선지식도 인과에 떨어집니까? 하고 물었고 그 대답은 선지식은 인과에 떨어지지 않느니라」 하고 대답했다. 그러자 백장스님이 똑같은 질문을 자신에게 다시 하도록 한다. 그러자 이 노인이 「큰스님 선지식도 인과에 떨어집니까? 하고 묻자 선지식은 인과에 결코 어둡지 않느니라」고 대답한다. 이것이 그 유명한 선지식 인과 불락(不落)과 인과 불매(不昧)에 관한 대답이다. 그 노인은 인과 불매라는 백장스님의 가르침에 크게 깨닫게 되고 큰 스님 덕분에 500생의 여우몸에서 비로소 벗어나게 되었다며 감격의 눈물을 흘리게 된다. 그리고 뒷산 바위에 여우가 죽어 있을 것이니 부디 자비심을 베풀어 화장해 줄 것을 부탁한다. 과연 다음날 대중들과 함께 가보니 여우가 죽어 있기에 정성껏

장사를 지내 주었다.〉

이것이 그 유명한 백장스님과 여우 이야기인 백장야호이다.

여기서 진리의 세계에 대한 올바른 가르침을 강조하고 있다. 법
회 때 대답 한 번 잘못한 과보로 500생을 여우몸으로 살게 된다.
진리의 세계에서는 한 치의 어리석음도 용납될 수 없는 것이다. 방
편품 시작 부분에서도 부처님께서 부처님 지혜의 세계는 오직 깨
달음의 경지에 오른 사람들만이 알 수 있는 세계임을 강조하고 그
세계는 십여시로 대표되는 제법실상으로 표현하고 있다.

불교란 무엇인가? 부처님과 같은 지혜를 얻는 것이다.

　사리불이 세 번이나 거듭해서 부처님께 설법을 청하자 비로소 부처님께서 법문을 시작하신다. 깨달음의 세계는 오직 깨달은 사람만이 알 수 있는 경지임을. 설법을 시작하자 5000명의 아만심이 높은 사람들이 퇴장하고 법문을 들을 마음의 준비를 한 사람들만이 남게 된다. 그러자 부처님께서 세상에 출현하여 가르침을 펴는 것은 모든 중생들에게 부처와 같은 지혜를 얻도록 하기 위해서 세상에 오셨음을 밝힌다. 중생들에게 자신과 똑같은 지혜를 열어(開) 보여서(示) 깨달아(悟) 들어가게(入) 하기 위해서 세상에 출현한 것이며 오직 이 하나의 큰 인연 때문에 오신 것이라고 밝힌다. 〈부처님의 가르침〉을 불교(佛教)라고 한다. 그 가르침의 내용을 법화경 방편품 여기 대목에서 간단명료하게 밝히고 있다.

　부처님의 가르침은 〈자신과 똑같은 깨달음을 중생들에게 열어 보이고 깨달아 그 세계로 들어가게 하는 것이다.〉 그 세계로 들어가기 위해서는 부단히 참선을 하거나 경전을 독송하거나 염불 삼매에 들어가거나 사경을 하거나 하면서 삼매의 힘을 키우고 지혜의 힘을 극대화시켜 나갈 때 그 경지로 들어갈 수 있는 것이다.

　그리고 이어서 부처님은 중생들의 성품이 모두 다르기 때문에 방편을 통해서 그들을 부처님과 같은 지혜의 경지로 인도함을 설한다. 오직 이 하나의 목적만 있지 이승(二乘)이나 삼승(三乘) 등의 불완전한 지혜를 설한 것은 아니라고 밝힌다.

비록 방편으로 성문이나 연각 등의 수행을 가르쳤지만 그 목적은 오직 완전한 깨달음으로 가기 위한 방편임을 밝힌다.

방편품의 이 부분이 법화경의 전반부 핵심인 회삼귀일(會三歸一) 사상이고 원효대사의 〈십문화쟁론〉 중에서 열 번째 삼승일승화쟁문이 바로 이 대목에서 만들어지며 화쟁사상의 핵심축을 이루게 된다. 갈등과 싸움을 평화와 공존으로 바꾸어 주는 사상이 여기 방편품의 일승사상임을 알 수 있다. 오늘날 조계종 화쟁위원회에서 4대강 문제나 사회 갈등문제를 원효의 화쟁사상을 통해서 해결하고자 노력하고 있고 나아가서 남북통일 문제도 그 해결방안으로 화쟁사상이 거론되곤 했다. 그 중심에 원효의 화쟁사상이 있었고 그 핵심축이 법화경의 방편품 일불승사상에서 출발하고 있음을 알 수 있다.

김대성의 불국사와 석굴암 창건과 효도 이야기

여기서는 불도를 이루는 다양한 내용이 나온다. 불상이나 탑을 조성하면 그 공덕으로 불도를 이루게 되고 어린 아이들이 장난으로 모래를 쌓아서 불탑을 만들어도 그 공덕이 있어 불도를 이루게 된다. 그리고 무엇보다도 보시 지계 인욕 정진 선정 지혜 등 육바라밀행을 통해서 복과 지혜를 닦는다면 이러한 모든 사람들은 반드시 불도를 성취하게 된다.

최호 교수님이 번역한 삼국유사 제5권에 보면 김대성에 대한 이야기가 나온다.

〈김대성은 모량리 가난한 여인 경조의 아들이었는데 머리가 크고 이마가 평평한 것이 마치 성(城)과 같아서 이름을 대성(大城)이라 하였다. 집이 너무 가난하여 복안이라는 부잣집에서 머슴살이를 하면서 살았다. 하루는 흥륜사의 점개라는 스님이 자신이 일하는 집으로 시주를 받으러 왔다. 복안은 베 50필을 시주하자 스님이 축원하기를 "신도께서 보시를 좋아하시니 천신이 항상 보호하고, 하나를 보시하면 만 배를 얻게 될 것이며 행복하고 수명도 길어질 것입니다." 옆에서 김대성이 이 말을 듣고는 집으로 달려가 어머니에게 말하길 "하나

를 시주하면 만 배를 얻는다 합니다. 생각건대 전생에 복을 못
지어 지금 가난한데 지금 다시 복을 못 짓는다면 내생에 더욱
궁핍할 것입니다. 어머님 우리가 가지고 있는 밭 몇 이랑이라
도 시주를 하는 것이 어떻습니까?" 하자 어머님도 동의했다.
적은 전답을 시주했는데, 얼마 후 대성이 죽었고 그 날 밤 나
라의 재상인 김문량의 집에 하늘에서 외치는 소리가 들렸
다. "모량리의 대성이라는 아이가 너희 집에 의탁하려 한
다." 김문량이 모량리로 사람을 보내어 조사해 보니 과연 소
리가 들리던 그날 밤에 김대성이 죽었고 그의 부인이 임신하
여 후에 아이를 낳았는데 왼쪽 주먹을 펴지 않고 있었다. 그
러다가 7일 만에 폈는데 금대나무 조각에 대성(大城)이라는
두 글자가 새겨져 있어 이름을 또 대성이라 그대로 부르고 모
량리 그의 이전 어머님을 모시고 와서 같이 살았다. 청년이 되
면서 사냥을 좋아했는데 하루는 토함산에 올라가 사냥하여 곰
을 잡았는데 꿈에 곰이 나타나 "네가 나를 죽였으니 반드시
너를 죽여 원수를 갚겠다." 하니 용서를 빌었다. "나를 위해
서 절을 지어 극락왕생을 기원하면 용서하겠다" 고 하니 김대
성이 곰을 죽인 곳에 장수사(長壽寺)라는 절을 지어 곰의 원혼
을 달래고 극락왕생을 기원한다. 그 이후에 마음에 깨달은 바
가 있어 불심이 더욱 깊어진다. 현세의 부모인 김문량과 어머
니를 위해서 불국사를 건립하고 전생의 부모님을 위해서는 석
굴암을 창건하여 효도를 실천한다.〉

김대성이 가난한 머슴으로 일하다가 비록 적은 재물이지만 자신이 가진 전재산인 전답 몇 이랑을 시주한 그 공덕으로 신라의 일인지하 만인지상인 재상의 아들로 태어나 부귀를 누리고 전생의 부모와 현세의 부모께 효도하고 우리 민족의 자랑이자 세계의 문화유산인 불국사와 석굴암을 창건하게 된다는 이야기가 삼국유사에 소개되어 있다. 보시 등 육바라밀행을 하면 그 공덕이 쌓여 반드시 부처가 되리라는 부처님의 말씀이 잘 소개된 이야기다. 마음으로 행한 공덕은 마음으로만 받고 물질로 행한 공덕은 물질로 받는다. 만 배의 공덕을 받은 김대성처럼 우리는 마음과 물질 함께 두 가지 공덕을 닦는다면 마음의 행복과 물질의 풍요 두 가지 다 성취할 수 있을 것이다.

**불상이나 불화 조성, 음성공양과 꽃공양, 염불 한 마디 그 공덕 모두 성불
하리라.**

불화나 불상 조성에 동참하여도 그 공덕으로 불도를 이루게 된
다. 음성공양하고 꽃공양한 공덕으로도 불도를 이룬다. 비록 산란
한 마음으로라도 '나무불' 하고 염불 한마디 한 공덕으로 모두 불
도를 이룬다. 그리고 마지막 게송에서는 부처님은 만억 가지 방편
으로 중생들의 성품에 맞게 그들을 깨달음의 세계로 인도한다. 조
그마한 선행도 그것이 모이면 큰 공덕이 되고 결국은 최상의 행복
으로 가는 튼튼한 길이 되는 것이다.

2장 안락행품

안락행품은
범어로 Sukha - Vihāra - Parivarto인데
Sukha는 안락을 의미하며
Vihāra는 원래 정사(절)로 번역되는데
편안하게 머무르는 것을 뜻한다.
parivarto는 품을 나타낸다.

문수보살이 부처님께 후세 악세에 부처님을 따르는 보살 마하살이 큰 서원을 세우고, 법화경을 수지하여 설하려 할 때 어떻게 이 경을 설해야 하는지를 여쭙는다. 이때 부처님 께서 마땅히 4가지 법에 안주하면서 경전을 설해야 한다고 말씀한다.

　첫째는 보살의 마음가짐과 행동거지에 대한 신안락행(身 安樂行)을 설한다.

　둘째는 언어와 관련된 것으로 다른 사람의 장단점이나 허 물을 말하지 말며, 설법할 때 소승법이 아니라 대승법으로 설법하라는 구안락행(口安樂行)이 그것이다.

　셋째는 마음가짐에 대한 것으로 법화경을 수지 독송하는 사람을 질투하거나 아첨하는 마음을 품지 않고, 중생에게 대자비심을 내어서 공경하고 예배하며 평등하게 법을 설하 라는 마음가짐에 대한 의안락행(意安樂行)이다.

　네 번째는 서원안락행(誓願安樂行)에 대한 내용으로 '비록 말세 중생의 근기가 낮아 법화경과 인연이 거의 없더라도 내가 불도를 이루게 되면 그들을 모두 신통력과 지혜력으로 제도하리라'는 서원을 세우는 것이다.

묘법연화경안락행품 제십사
妙法蓮華經安樂行品 第十四

1

이시문수사리법왕자보살마하살백불언　세존　시제보살
爾時文殊師利法王子菩薩摩訶薩白佛言　世尊　是諸菩薩

심위난유경순불고발대서원　어후악세호지독설시법화
甚爲難有敬順佛故發大誓願　於後惡世護持讀説是法華

경　세존　보살마하살　어후악세운하능설시경　불고문
經　世尊　菩薩摩訶薩　於後惡世云何能説是經　佛告文

수사리　약보살마하살　어후악세　욕설시경　당안주사
殊師利　若菩薩摩訶薩　於後惡世　欲説是經　當安住四

법　일자안주보살행처급친근처　능위중생연설시경　문
法　一者安住菩薩行處及親近處　能爲眾生演説是經　文

수사리　운하명보살마하살행처　약보살마하살　주인욕
殊師利　云何名菩薩摩訶薩行處　若菩薩摩訶薩　住忍辱

지유화선순이부졸포심역불경　우부어법무소행　이관제
地柔和善順而不卒暴心亦不驚　又復於法無所行　而觀諸

법여실상　역불행불분별　시명보살마하살행처　운하명
法如實相　亦不行不分別　是名菩薩摩訶薩行處　云何名

보살마하살친근처　보살마하살　불친근국왕왕자대신관
菩薩摩訶薩親近處　菩薩摩訶薩　不親近國王王子大臣官

장　불친근제외도범지니건자등　급조세속문필찬영외서
長　不親近諸外道梵志尼揵子等　及造世俗文筆讚詠外書

급노가야타역노가야타자　역불친근제유흉희상차상박
及路伽耶陀逆路伽耶陀者　亦不親近諸有兇戲相扠相撲

급나라등종종변현지희　우불친근전타라급축저양계구
及那羅等種種變現之戲　又不親近旃陀羅及畜豬羊雞狗

畋獵漁捕諸惡律儀　如是人等或時來者　則爲說法無所悕

望　又不親近求聲聞比丘比丘尼優婆塞優婆夷　亦不問訊

若於房中　若經行處　若在講堂中　不共住止　或時來者

隨宜說法無所悕求

2

文殊師利　又菩薩摩訶薩　不應於女人身取能生欲想相而

爲說法　亦不樂見　若入他家　不與小女處女寡女等共語

亦復不近五種不男之人以爲親厚　不獨入他家　若有因緣

須獨入時但一心念佛　若爲女人說法不露齒笑　不現胸臆

乃至爲法猶不親厚　況復餘事　不樂畜年少弟子沙彌小兒

亦不樂與同師　常好坐禪　在於閑處修攝其心　文殊師利

是名初親近處復次菩薩摩訶薩觀一切法空　如實相　不顚

倒不動不退不轉　如虛空無所有性　一切語言道斷　不生

不出不起　無名無相實無所有　無量無邊無礙無障　但以

因緣有　從顚倒生故　說常樂觀如是法相　是名菩薩摩訶

薩第二親近處　爾時世尊　欲重宣此義　而説偈言

3

약 유 보 살　어 후 악 세　무 포 외 심　욕 설 시 경
若有菩薩　於後惡世　無怖畏心　欲説是經

응 입 행 처　급 친 근 처　상 리 국 왕　급 국 왕 자
應入行處　及親近處　常離國王　及國王子

대 신 관 장　흉 험 희 자　급 전 다 라　외 도 범 지
大臣官長　兇險戲者　及旃陀羅　外道梵志

역 불 친 근　증 상 만 인　탐 착 소 승　삼 장 학 자
亦不親近　增上慢人　貪著小乘　三藏學者

파 계 비 구　명 자 나 한　급 비 구 니　호 희 소 자
破戒比丘　名字羅漢　及比丘尼　好戲笑者

심 착 오 욕　구 현 멸 도　제 우 바 이　개 물 친 근
深著五欲　求現滅度　諸優婆夷　皆勿親近

약 시 인 등　이 호 심 내　도 보 살 소　위 문 불 도
若是人等　以好心來　到菩薩所　爲聞佛道

보 살 즉 이　무 소 외 심　불 회 희 망　이 위 설 법
菩薩則以　無所畏心　不懷悕望　而爲説法

과 녀 처 녀　급 제 불 남　개 물 친 근　이 위 친 후
寡女處女　及諸不男　皆勿親近　以爲親厚

역 막 친 근　도 아 괴 회　전 렵 어 포　위 리 살 해
亦莫親近　屠兒魁膾　畋獵漁捕　爲利殺害

판 육 자 활　현 매 여 색　여 시 지 인　개 물 친 근
販肉自活　衒賣女色　如是之人　皆勿親近

흉험상박	종종희희	제음녀등	진물친근
兇險相撲	種種嬉戲	諸婬女等	盡勿親近
막독병처	위녀설법	약설법시	무득희소
莫獨屏處	爲女說法	若說法時	無得戲笑
입리걸식	장일비구	약무비구	일심염불
入里乞食	將一比丘	若無比丘	一心念佛
시즉명위	행처근처	이차이처	능안락설
是則名爲	行處近處	以此二處	能安樂說

4

우부불행	상중하법	유위무위	실부실법
又復不行	上中下法	有爲無爲	實不實法
역불분별	시남시녀	부득제법	부지불견
亦不分別	是男是女	不得諸法	不知不見
시즉명위	보살행처	일체제법	공무소유
是則名爲	菩薩行處	一切諸法	空無所有
무유상주	역무기멸	시명지자	소친근처
無有常住	亦無起滅	是名智者	所親近處

전도분별	제법유무	시실비실	시생비생
顚倒分別	諸法有無	是實非實	是生非生
재어한처	수섭기심	안주부동	여수미산
在於閑處	修攝其心	安住不動	如須彌山
관일체법	개무소유	유여허공	무유견고
觀一切法	皆無所有	猶如虛空	無有堅固
불생불출	부동불퇴	상주일상	시명근처
不生不出	不動不退	常住一相	是名近處

약유비구　어아멸후　입시행처　급친근처
若有比丘　於我滅後　入是行處　及親近處

설사경시　무유겁약　보살유시　입어정실
說斯經時　無有怯弱　菩薩有時　入於靜室

이정억념　수의관법　종선정기　위제국왕
以正憶念　隨義觀法　從禪定起　爲諸國王

왕자신민　바라문등　개화연창　설사경전
王子臣民　婆羅門等　開化演暢　說斯經典

기심안은　무유겁약　문수사리　시명보살
其心安隱　無有怯弱　文殊師利　是名菩薩

안주초법　능어후세　설법화경
安住初法　能於後世　說法華經

2강

한문 경문

1

우문수사리　여래멸후　어말법중욕설시경　응주안락행
又文殊師利　如來滅後　於末法中欲說是經　應住安樂行

약구선설약독경시　불요설인급경전과　역불경만제여법
若口宣說若讀經時　不樂說人及經典過　亦不輕慢諸餘法

사　불설타인호악장단　어성문인역불칭명설기과악　역
師　不說他人好惡長短　於聲聞人亦不稱名說其過惡　亦

불칭명찬탄기미　우역불생원혐지심　선수여시안락심고
不稱名讚歎其美　又亦不生怨嫌之心　善修如是安樂心故

제유청자불역기의　유소난문　불이소승법답　단이대승
諸有聽者不逆其意　有所難問　不以小乘法答　但以大乘

86

이위해설 영득일체종지 이시세존 욕중선차의 이설
而爲解説 令得一切種智 爾時世尊 欲重宣此義 而説

게언
偈言

2

보살상요 안은설법 어청정지 이시상좌
菩薩常樂 安隱説法 於清淨地 而施床座

이유도신 조욕진예 착신정의 내외구정
以油塗身 澡浴塵穢 著新淨衣 内外俱淨

안처법좌 수문위설 약유비구 급비구니
安處法座 隨問爲説 若有比丘 及比丘尼

제우바새 급우바이 국왕왕자 군신사민
諸優婆塞 及優婆夷 國王王子 群臣士民

이미묘의 화안위설 약유난문 수의이답
以微妙義 和顔爲説 若有難問 隨義而答

인연비유 부연분별 이시방편 개사발심
因緣譬喻 敷演分別 以是方便 皆使發心

점점증익 입어불도 제란타의 급해태상
漸漸增益 入於佛道 除嬾惰意 及懈怠想

이제우뇌 자심설법 주야상설 무상도교
離諸憂惱 慈心説法 晝夜常説 無上道教

3

이제인연 무량비유 개시중생 함령환희
以諸因緣 無量譬喻 開示衆生 咸令歡喜

의복와구 음식의약 이어기중 무소희망
衣服臥具 飲食醫藥 而於其中 無所悕望

但一心念　說法因緣　願成佛道　令衆亦爾

是則大利　安樂供養　我滅度後　若有比丘

能演說斯　妙法華經　心無嫉恚　諸惱障礙

亦無憂愁　及罵詈者　又無怖畏　加刀杖等

亦無擯出　安住忍故　智者如是　善修其心

能住安樂　如我上說　其人功德　千萬億劫

算數譬喻　說不能盡

3강

한문 경문

1

又文殊師利　菩薩摩訶薩　於後末世法欲滅時　受持讀誦

斯經典者　無懷嫉妒諂誑之心　亦勿輕罵學佛道者求其長

短　若比丘比丘尼優婆塞優婆夷　求聲聞者　求辟支佛者

求菩薩道者　無得惱之令其疑悔　語其人言汝等去道甚遠

종불능득일체종지　소이자하　여시방일지인　어도해태
終不能得一切種智　所以者何　汝是放逸之人　於道懈怠

고　우역불응희론제법유소쟁경
故　又亦不應戲論諸法有所諍競

2

당어일체중생기대비상　어제여래기자부상　어제보살기
當於一切眾生起大悲想　於諸如來起慈父想　於諸菩薩起

대사상　어시방제대보살　상응심심공경예배　어일체중
大師想　於十方諸大菩薩　常應深心恭敬禮拜　於一切眾

생평등설법　이순법고부다불소　내지심애법자　역불위
生平等說法　以順法故不多不少　乃至深愛法者　亦不爲

다설문수사리　시보살마하살　어후말세법욕멸시　유성
多說文殊師利　是菩薩摩訶薩　於後末世法欲滅時　有成

취시제삼안락행자　설시법시무능뇌란　득호동학공독송
就是第三安樂行者　說是法時無能惱亂　得好同學共讀誦

시경　역득대중이래청수　청이능지　지이능송　송이능
是經　亦得大眾而來聽受　聽已能持　持已能誦　誦已能

설　설이능서　약사인서　공양경권공경존중찬탄　이시
說　說已能書　若使人書　供養經卷恭敬尊重讚歎　爾時

세존　욕중선차의　이설게언
世尊　欲重宣此義　而說偈言

3

약욕설시경　당사질에만　첨광사위심　상수질직행
若欲說是經　當捨嫉恚慢　諂誑邪僞心　常修質直行

불경멸어인　역불희론법　불령타의회　운여부득불
不輕蔑於人　亦不戲論法　不令他疑悔　云汝不得佛

시불자설법　　상유화능인　　자비어일체　　불생해태심
是佛子説法　常柔和能忍　慈悲於一切　不生懈怠心

시방대보살　　민중고행도　　응생공경심　　시즉아대사
十方大菩薩　愍衆故行道　應生恭敬心　是則我大師

어제불세존　　생무상부상　　파어교만심　　설법무장애
於諸佛世尊　生無上父想　破於憍慢心　説法無障礙

제삼법여시　　지자응수호　　일심안락행　　무량중소경
第三法如是　智者應守護　一心安樂行　無量衆所敬

4강

한문 경문

1

우문수사리　　보살마하살　　어후말세법욕멸시　　유지시법
又文殊師利　菩薩摩訶薩　於後末世法欲滅時　有持是法

화경자어재가출가인중생대자심　　어비보살인중생대비
華經者於在家出家人中生大慈心　於非菩薩人中生大悲

심　　응작시념　　여시지인즉위대실　　여래방편수의설법
心　應作是念　如是之人則爲大失　如來方便隨宜説法

불문부지불각불문불신불해　　기인수불문불신불해시경
不聞不知不覺不問不信不解　其人雖不問不信不解是經

아득아뇩다라삼먁삼보리시　　수재하지　　이신통력지혜력
我得阿耨多羅三藐三菩提時　隨在何地　以神通力智慧力

인지령득주시법중　　문수사리　　시보살마하살　　어여래멸
引之令得住是法中　文殊師利　是菩薩摩訶薩　於如來滅

후　　유성취차제사법자　　설시법시무유과실　　상위비구비
後　有成就此第四法者　説是法時無有過失　常爲比丘比

90

丘尼優婆塞優婆夷　國王王子大臣人民婆羅門居士等　供

養恭敬尊重讚歎　虛空諸天爲聽法故亦常隨侍　若在聚落

城邑空閑林中　有人來欲難問者　諸天晝夜　常爲法故而

衛護之　能令聽者皆得歡喜　所以者何　此經是一切過去

未來現在諸佛神力所護故　文殊師利　是法華經　於無量

國中　乃至名字不可得聞　何況得見受持讀誦

2

文殊師利　譬如强力轉輪聖王　欲以威勢降伏諸國　而諸

小王不順其命　時轉輪王　起種種兵而往討罰　王見兵衆

戰有功者　卽大歡喜隨功賞賜　或與田宅聚落城邑　或與

衣服嚴身之具　或與種種珍寶金銀瑠璃硨磲瑪瑙珊瑚琥

珀象馬車乘奴婢人民　唯髻中明珠不以與之　所以者何

獨王頂上有此一珠　若以與之　王諸眷屬必大驚怪　文殊

師利　如來亦復如是　以禪定智慧力得法國土王於三界

而諸魔王不肯順伏　如來賢聖諸將與之共戰　其有功者心

亦歡喜　於四衆中爲說諸經令其心悦　賜以禪定解脱無漏

根力諸法之財　又復賜與涅槃之城言得滅度　引導其心令

皆歡喜　而不爲説是法華經　文殊師利　如轉輪王見諸兵

衆有大功者心甚歡喜　以此難信之珠久在髻中　不妄與人

而今與之　如來亦復如是　於三界中爲大法王　以法教化

一切衆生　見賢聖軍與五陰魔煩惱魔死魔共戰有大功勳

滅三毒出三界破魔網　爾時如來亦大歡喜　此法華經　能

令衆生至一切智　一切世間多怨難信　先所未説而今説之

文殊師利　此法華經　是諸如來第一之説　於諸説中最爲

甚深　末後賜與　如彼强力之王　久護明珠今乃與之　文

殊師利　此法華經　諸佛如來祕密之藏　於諸經中最在其

上　長夜守護不妄宣説　始於今日　乃與汝等而敷演之

爾時世尊　欲重宣此義　而説偈言

3

<ruby>常<rt>상</rt></ruby><ruby>行<rt>행</rt></ruby><ruby>忍<rt>인</rt></ruby><ruby>辱<rt>욕</rt></ruby>　　<ruby>哀<rt>애</rt></ruby><ruby>愍<rt>민</rt></ruby><ruby>一<rt>일</rt></ruby><ruby>切<rt>체</rt></ruby>　　<ruby>乃<rt>내</rt></ruby><ruby>能<rt>능</rt></ruby><ruby>演<rt>연</rt></ruby><ruby>說<rt>설</rt></ruby>　　<ruby>佛<rt>불</rt></ruby><ruby>所<rt>소</rt></ruby><ruby>讚<rt>찬</rt></ruby><ruby>經<rt>경</rt></ruby>

상행인욕　　애민일체　　내능연설　　불소찬경
常行忍辱　　哀愍一切　　乃能演說　　佛所讚經

후말세시　　지차경자　　어가출가　　급비보살
後末世時　　持此經者　　於家出家　　及非菩薩

응생자비　　사등불문　　불신시경　　즉위대실
應生慈悲　　斯等不聞　　不信是經　　則爲大失

아득불도　　이제방편　　위설차법　　영주기중
我得佛道　　以諸方便　　爲說此法　　令住其中

비여강력　　전륜지왕　　병전유공　　상사제물
譬如强力　　轉輪之王　　兵戰有功　　賞賜諸物

상마거승　　엄신지구　　급제전택　　취락성읍
象馬車乘　　嚴身之具　　及諸田宅　　聚落城邑

혹여의복　　종종진보　　노비재물　　환희사여
或與衣服　　種種珍寶　　奴婢財物　　歡喜賜與

여유용건　　능위난사　　왕해계중　　명주사지
如有勇健　　能爲難事　　王解髻中　　明珠賜之

여래역이　　위제법왕　　인욕대력　　지혜보장
如來亦爾　　爲諸法王　　忍辱大力　　智慧寶藏

이대자비　　여법화세　　견일체인　　수제고뇌
以大慈悲　　如法化世　　見一切人　　受諸苦惱

욕구해탈　　여제마전　　위시중생　　설종종법
欲求解脫　　與諸魔戰　　爲是衆生　　說種種法

이대방편　　설차제경　　기지중생　　득기력이
以大方便　　說此諸經　　旣知衆生　　得其力已

말후내위　　설시법화　　여왕해계　　명주여지
末後乃爲　　說是法華　　如王解髻　　明珠與之

此經爲尊　衆經中上　我常守護　不妄開示
今正是時　爲汝等説　我滅度後　求佛道者
欲得安隱　演説斯經　應當親近　如是四法
讀是經者　常無憂惱　又無病痛　顏色鮮白
不生貧窮　卑賤醜陋　衆生樂見　如慕賢聖
天諸童子　以爲給使　刀杖不加　毒不能害

4

若人惡罵　口則閉塞　遊行無畏　如師子王
智慧光明　如日之照　若於夢中　但見妙事
見諸如來　坐師子座　諸比丘衆　圍繞説法
又見龍神　阿修羅等　數如恒沙　恭敬合掌
自見其身　而爲説法　又見諸佛　身相金色
放無量光　照於一切　以梵音聲　演説諸法
佛爲四衆　説無上法　見身處中　合掌讚佛
聞法歡喜　而爲供養　得陀羅尼　證不退智

불지기심　심입불도　즉위수기　성최정각
佛知其心　深入佛道　卽爲授記　成最正覺

여선남자　당어내세　득무량지　불지대도
汝善男子　當於來世　得無量智　佛之大道

국토엄정　광대무비　역유사중　합장청법
國土嚴淨　廣大無比　亦有四衆　合掌聽法

우견자신　재산림중　수습선법　증제실상
又見自身　在山林中　修習善法　證諸實相

심입선정　견시방불
深入禪定　見十方佛

제불신금색　백복상장엄　문법위인설　상유시호몽
諸佛身金色　百福相莊嚴　聞法爲人説　常有是好夢

우몽작국왕　사궁전권속　급상묘오욕　행예어도량
又夢作國王　捨宮殿眷屬　及上妙五欲　行詣於道場

재보리수하　이처사자좌　구도과칠일　득제불지지
在菩提樹下　而處師子座　求道過七日　得諸佛之智

성무상도이　기이전법륜　위사중설법　경천만억겁
成無上道已　起而轉法輪　爲四衆説法　經千萬億劫

설무루묘법　도무량중생　후당입열반　여연진등멸
說無漏妙法　度無量衆生　後當入涅槃　如煙盡燈滅

약후악세중　설시제일법　시인득대리　여상제공덕
若後惡世中　說是第一法　是人得大利　如上諸功德

해석
안락행품 제14

1강

한글 경문

1

이때 문수사리보살이 부처님께 여쭈었다. "세존이시여 이 모든 보살들이 매우 있기 어려운 바이오니, 부처님을 존경하고 잘 따르며 대서원을 세워 후세 악세에 이 법화경을 호지하고 독송하며 설법하리라 하니 세존이시여 보살마하살이 후세 악세에서 이 경전을 어떻게 설해야 하나이까?" 부처님께서 문수사리보살에게 말씀하시되 "만약 보살마하살이 오탁악세에서 이 경전을 설하려 한다면 마땅히 4가지의 법에 안주하여야 한다."라고 하셨다.

첫째는 보살의 행동가짐(行處)과 가까이해야 하는 사람들의 범주(親近處)에 안주하여 중생을 위해 이 경전을 설법해야 하느니라. 문수사리여 어떤 것을 이름하여 행동가짐이라 하는가? 보살마하살은 인욕 경지에 머물러야 하고, 부드럽고 잘 따르며, 조급하지 않으며, 마음 또한 놀라지 않으며, 또한 일체 대상에 집착함 없이 제법의 실상을 꿰뚫어 보되, 집착하거나 분별하지 않으면 이것을 이름하여 보살마하살의 행동가짐(行處)이라 한다. 어떤 것을 이름하여 보살마하살이 가까이해야 하는 사람들의 범주라 하는가? 보살마하살은 국왕 왕자 대신 관장 등을 가까이하지 말며 모든 외도와 바라문과 자이나교도(니건자)와 세속의 글을 짓고 외도의 책을 찬탄하고 외우는 자와 유물론이나 쾌락주의에 빠진 무리와 가까이하지 말며, 또한 모든 흉측한 놀이와 권투나 씨름하는 이와 배우나 마술 등의 놀이를 가까이하지 말며 또 천민(전타라)과 돼지 양 닭 개를 기르며 사냥하며 고기 잡는 악업을 짓는 무리들과도 가까이하지 말며, 이런 사람들이 혹 때때로 찾아오면 그들을 위해서 설법은 하되 무슨 이익을 취하려 하지 말라. 또한 성문을 구하는 비구 비구니 우바새 우바이를 가까이 말며, 또한 방문도 말며, 방 안에서나 경행처나 강당에서나 함께 머물지 말며, 혹 가끔 찾아오는 사람 있거든 그 사람의 근기 따라 설법하되 이익을 바라지 말라.

2

문수사리여 또한 보살마하살은 응당 여인의 몸에 성욕을 일으키는 상상을 하면서 설법을 하지 말 것이며, 또한 보기를 좋아하지

도 말며 만약 남의 집에 들어가더라도 소녀나 처녀나 과녀(寡女)와
는 함께 말하지 말며, 또한 성불구자와는 가까이하여 친하게 지내
지 말라. 홀로 남의 집에 들어가지 말며 만약 인연이 있어 혼자서
들어가야 할 때에는 단지 일심으로 염불하며, 만약 여인을 위해서
설법을 할 때면 이를 드러내 웃지 말며 가슴을 드러내지 말 것이
며 법을 위해서라도 오히려 가까이 못하는데 하물며 다른 일이야
말해서 무엇하겠는가!

　나이 어린 제자나 사미나 아기들 키우기 좋아하지 말며 또한 그
들과 같은 스승을 섬기기 좋아하지 말라. 늘 좌선을 좋아해 고요
한 곳에 머무르며 마음을 닦고 집중할지니 문수사리여 이것을 이
름하여 초친근처(初親近處)라 하느니라.

　다음은 보살마하살은 일체법이 공한 여실한 모습을 관하되 전도
되지 않으며 동요되지 않으며 물러나지 않으며 전전하지 않으며
허공처럼 성품이 없으며 무량무변하며 무장무애하며 일체의 언어
가 끊어진 자리며 단지 인연이 있으므로 전도되어 생겨나는 것일
뿐, 그런 까닭에 설하느니라. 항상 이와 같은 법상(法相)을 즐겨 관
함을 이름하여 보살마하살들의 제2친근처라 하느니라. 이때 세존
께서 이 뜻을 거듭 밝히시려 게송을 설하느니라.

3

　만약 어떤 보살이 있어
　후세 악세에서 이 경전을

설하고자 한다면 마땅히 응당
행처와 친근처에 들어가야 하느니라.
항상 국왕과 왕자 대신 관장
위험한 놀이를 즐기는 자들과
천민이나 외도와 바라문들
가까이 하지 말라.
또한 증상만인과 소승에 탐착한
삼장학자나 파계한 비구나
이름만 수행자인 사람과도
가까이 하지 말라.
또한 비구니로 희희대기
좋아하는 사람과 오욕에 탐착하면서
열반을 구하는 신도들과
가까이하지 말라.

만약 이들이 좋은 마음으로
보살의 처소에 와서 불도를
듣는다면 보살은 곧 두려움 없이
희망을 품지 말고 설법해야 하느니라.
과녀나 처녀와 성불구자들
모두 가까이하여 친하게 지내지 말며
또한 백정과 고기 썰어 파는 자와

사냥꾼이나 어부 등 이익을 위해서
살해하고 고기를 팔아서
생업을 이어가는 사람들과
여색을 파는 이런 사람들과는
가까이하지 말라.

사납고 위험한 씨름과
온갖 놀이들과 음탕한 여인들과는
모두 가까이 말라.
으슥한 곳에서 여인 위해서
혼자 설법하지 말며
만약 설법해야 한다면
장난치거나 웃지 말며
마을로 들어가 걸식할 때에는
한 비구라도 함께 갈 것이며
만약 비구가 없다면
일심으로 염불해야 하느니
이것을 이름하여 행처와
친근처라 하니 이 두 가지로
안락하게 설법하라.

4

또한 다시 상중하법이나
유위 무위 실부실법 따위를
따지지 말며 남자니 여자니를
분별하지 말며 제법에 실체가
없어 알지도 볼 수도 없기에
이것을 이름하여 보살행처라 하느니라.
일체제법은 공하여 실체가 없기에
멸함도 없느니라.
이것을 이름하여 지혜자의
친근처라 하느니라.

전도된 생각으로 제법의 유무나
실체니 아니니 생이니 아니니
분별하지만 수행처에서
그 마음을 고요히 안주하여 움직이지
않기를 마치 수미산처럼 하며,
일체법을 관하되 모두 무소유라
마치 허공과 같아 견고하거나
출생이 없으며 부동 불퇴하며
항상 하나의 모습으로 존재하기에

이름하여 친근처라 하느니라.

만약 비구 있어 내 멸도 후에
이 행처나 친근처에 들어와
이 경전을 설할 때 두려움이
사라질 것이며 보살들 때때로
고요한 방에 들어가 바른 생각으로
뜻에 맞게 관법을 행하며
선정에서 일어나 국왕 왕자 대신과
백성들 바라문 등 위해서 교화하고
연설하여 이 경전을 설한다면
그 마음이 편안하고 두려움 없으리라.
문수사리여 이것을 이름하여
보살이 초법(初法)에 안주하여
능히 후세에 법화경을
설한다고 하느니라.

한글 경문

1

또한 문수사리여 여래 멸후 말법 중에 이 경전을 설하려고 한다면 응당 안락행에 안주하여야 하느니라. 만약 입으로 설법하거나 독경할 때는 사람이나 경전의 허물을 설하기 좋아하지 말며, 또한 다른 법사들 가벼이 여기지 말며, 또한 타인의 좋고 싫음과 장단점을 말하지 말라. 성문인에 대해서 그 이름을 거론하며 그 잘못을 말하지 말며, 또한 그 이름을 거론하며 칭찬하려고도 하지 말라. 또한 싫어하는 마음을 내지도 말며 이러한 안락심을 잘 닦은 까닭으로 듣는 사람들 모두 그 뜻을 거역하지 못하며 어려운 질문이 있어도 소승법으로 답하지 말라. 다만 대승법으로 해설하여 일체의 지혜를 얻게 하라. 이때 세존께서 이 뜻을 거듭 밝히시려고 게송을 설하느니라.

2

보살은 항상 편안히 설법하기
좋아하여 청정지에서 자리 만들고
기름 몸에 바르며 더러움을 씻어 내며
깨끗한 옷을 입고 안팎이 함께
깨끗하며 법좌에 편안히 앉아

질문에 설법하느니라.
만약 비구 비구니 우바새
우바이와 국왕 왕자 군신과
백성들 있다면 미묘한 도리로
편안한 안색을 띠며 설법하네.
만약 어려운 질문을 하면
뜻에 따라서 답하고 인연과
비유로 부연하여 설명하며
이러한 방편으로 모두
발심하게 하여 점점 이익을
늘려 주고 불도에 들어가
게으른 마음과 나태하게 생각하는
사람은 제외하고 모든 걱정
떠나서 자비심으로 설법하며
주야로 더없이 높은 법
항상 설하느니라.

3

모든 인연과 무량한 비유로
중생들에게 가르침 열어 보이며
다 함께 환희케 하네.
의복과 침구 음식과 의약은

그 속에서 바라지도 않네.
오직 일심으로 염하되
설법인연으로 불도를 이루며
중생들도 또한 그렇게 되어지기를
발원하나니 이것이 곧
큰 이익 있는 안락공양이니라.
내 멸도 후에 만약 비구가 있어
능히 이 묘법화경을 잘 연설하면
마음에 질투와 성냄 고뇌 장애가
없으며 또한 걱정하고 욕하는
자들 없으며 또한 두려움과
칼과 몽둥이로 위해를 가하는
사람들도 없으며 또한 쫓겨남도 없으며
편안히 인욕의 자리에 머무는
까닭으로 지혜 있는 사람들은
이와 같이 그 마음을 잘 닦아
능히 안락함에 안주하되
내가 위에서 설한 바대로 한다면
그 사람의 공덕은 무량하여
천만억겁 동안 산수나 비유로는
다 설명할 길이 없느니라.

1

또한 문수사리여, 보살마하살은 말세에 법이 멸하려 할 때, 이 경전을 수지 독송하는 사람은 질투심을 품지 않으며, 아첨하거나 속이지 않으며, 또한 불도를 배우는 사람들을 가벼이 매도하지 않으며, 그 장단점을 찾지 않으며, 만약 비구 비구니 우바새 우바이가 있어 성문을 구하는 사람 벽지불을 구하는 사람 보살도를 구하는 사람 있다면, 그들에게 말하되 '그대들은 불도에서 아직 멀었다 아무리 해도 깨달음을 얻지 못하리라. 왜냐하면 그대가 게을러서 불도에 정진하지 않았기 때문이다.' 라고 말하여 그들로 하여금 의심과 후회하게 하는 말을 하지 말라. 또한 여러 법을 논의하여 다투지 말라.

2

마땅히 일체 중생에게 큰 자비의 마음을 일으키며, 모든 부처님께 자비로운 아버지라는 생각을 내며, 모든 보살에게 큰 스승이라는 생각을 내며, 시방의 모든 대보살에게 항상 깊은 마음으로 공경 예배하여 일체 중생에게 평등하게 설법하되 불법을 따르는 까닭에 많지도 적지도 않게 하며, 비록 불법을 깊이 사랑하는 사람일지라도 지나치게 많이 설하지 말라. 문수사리여 이 보살마하살이 말세에 법이 멸하려 할 때 이 제3안락행을 성취하는 사람 있다면 이 법을 설할 때 혼란스러움이 없을 것이며, 좋은 도반들을 만나서 함께 이 경전을 독송하며 또한 대중이 있어 법을 구하여 듣게 되며, 듣고 나서 지니게 되며, 지니고 나서 외우게 되며, 외우고 나서 설하게 되며, 설하고 나서 사경하게 되며, 또는 남을 시켜 사경하게 하며, 경전을 공양하고 공경 존중 찬탄하게 되리라.

이때 세존께서 이 뜻을 거듭 밝히려 게를 설하신다.

3

만약 이 경을 설하고자 한다면
마땅히 질투와 성냄과 아만심을
버려야 하며, 아첨과 거짓을 버리고
항상 정직한 행을 닦아야 하느니라.
사람들을 경멸하거나 법을 가지고
장난으로 논쟁을 벌이지 말며
"너는 부처가 못되리라"고
남에게 의심과 후회를 갖게 하지 말라.

이 불자 설법하되 항상 유화하고
잘 참으며 일체에 자비심으로 대하되
해태심을 내지 않네.
시방의 대보살들 중생들 연민히 여겨서

도를 행하니 응당 공경심을 내어
이 분이 나의 스승이라 생각하며
제불 세존이 나의 아버지라는
생각을 내며 교만심을 깨어
설법에 장애가 없게 하라.
제3법이 이와 같으니
지혜자는 응당 수호하며
일심으로 안락행을 행하면
무량 대중들에게
공경을 받을 것이니라.

4강

한글 경문

1

문수사리여 보살마하살이 말세에 법이 멸하려 할 때 이 법화경을 수지하는 사람들은 재가나 출가인 가운데서 대자비심을 내며, 보살이 아닌 사람에게 대비심을 내어 마땅히 이렇게 생각하라.

'이 사람들이 크게 잘못을 범해서 여래께서 방편으로 근기에 따라서 설법하심을 듣지도 알지도 깨닫지도 못하며 묻지도 믿지도 이해하지도 못하니, 그 사람이 비록 이 경전을 묻지도 믿지도 이해하지도 못한다 해도 내가 궁극의 깨달음을 얻게 된다면 어디에 있든지 신통력과 지혜력으로 그를 인도하여 이 법에 안주하게 하리라.'

문수사리여 이 보살마하살들 여래 멸후에 이 4번째 법을 성취하는 사람은 법을 설할 때에 과실이 없으며 항상 비구 비구니 우바새 우바이 국왕 왕자 대신 백성 바라문 거사 등의 공양 공경 존중 찬탄을 받으며 또한 허공에 사는 하늘나라 사람들이 법을 듣고자 하는 까닭에 늘 따라다니며 시중을 들고 만약 마을이나 시내나 수행처에 머무르게 된다면 사람들이 찾아와 어려운 질문하더라도 천신들이 주야로 항상 법을 위하는 까닭에 그를 호위하며 법을 듣는 사람들 모두 환희케 하느니라. 왜냐하면 이 경전은 모든 과거 현재 미래불이 신통력으로 보호하기 때문이니라. 문수사리여 이 법화경은 무량한 국토 가운데서 이름조차 듣기가 어려운데 하물며 보고 수지하고 독송하는 일이겠는가!

2

문수사리여 비유하자면 강력한 전륜성왕이 위세로써 제국을 항복시키려 할 때, 소왕들이 그 명에 따르지 않으면 이때 전륜왕은 모든 병사들을 일으켜 토벌하러 가게 되느니라. 왕이 병사들 가운데 전공자를 보고 크게 기뻐하여 전공에 따라 상을 나누어 주되 밭과 집 마을 성읍 의복 장신구 온갖 진귀한 금 은 유리 자거 마노 산호 호박 코끼리 말 수레 노비와 주민을 주되, 오직 상투 속의 보배 구슬은 주지 않느니라. 왜냐하면 유독 왕의 머리 위에 이 보배 구슬 하나만 존재하기 때문에 그것을 주게 되면 왕의 모든 권속들이 모두 반드시 크게 놀라기 때문이니라. 문수사리여, 여래도 또한 이와 같아서 선정과 지혜력으로 불국토를 얻으니, 삼계에 법왕으로 마왕들이 순종하고 복종하지 않으면 여래의 현성 장군들이 그들과 전쟁을 하되, 유공자를 보면 크게 기쁜 마음이 일어나며 사부대중 가운데서 모든 경전을 설하여 그들의 마음속에 법열을 갖게 하며, 선정 해탈 번뇌가 없는 근력 등의 법의 재물을 하사하며, 또한 열반의 성을 하사하며 멸도를 얻었다고 말씀하시며, 그 마음을 인도하여 모두 환희케 하되 이 법화경은 설하지 않느니라.

문수사리여, 마치 전륜성왕이 병사들 큰 전공이 있는 사람들 보고 마음 크게 기뻐하며 이 믿기 어려운 보배 구슬 오래토록 상투 속에 숨겨 두며 주지 않다가 지금 그것을 주는 것과 같이 여래 또한 이와 같아서 삼계에 대법왕으로 법으로써 일체중생을 교화하다가 현성군이 오음마 번뇌마 사마와 싸움을 하여 큰 공훈을 세워 삼독심을 멸하고 삼계에 나와 마왕의 그물을 찢는 것을 보고 이때 여래 또한 크게 기뻐하며 이 법화경은 능히 중생들로 하여금 일체의 지혜를 얻게 하며 일체 세간에 원망하는 이들 많아서 잘 믿지 않기 때문에 일찍이 설하지 않다가 지금에야 비로소 설하느니라. 문수사리여 이 법화경은 모든 여래의 제일의 가르침이라 모든 설법 가운데 가장 깊은 것이니 최후에 베풀어 주는 것이 마치 저 강력한 임금이 오랫동안 보배 구슬을 간직하다가 이제야 비로소 주는 것과 같으니라. 문수사리여, 이 법화경은 제불여래의 비밀스러운 보배 창고이며 모든 경전 가운데서 으뜸이니라. 오래도록 보호하여 헛되이 설하지 않다가 오늘에야 비로소 그대들에게 설하노라. 이때에 세존께서 이 뜻을 거듭 밝히려고 게송을 설하느니라.

3

항상 인욕을 행하며 일체중생을
불쌍히 여겨 이에 부처님께서
찬탄하신 이 경을 설하네.
나중 미래세에 이 경을
수지하는 사람들은 재가나
출가자와 보살 아닌 사람들에게
자비심을 일으키라.
이들이 듣지 못한다면
이 경을 불신하기에
큰 손실이 되는 것이다.
내가 불도를 성취하여
여러 방편으로 이 법을 설하여
그 속에 머물게 하느니라.

마치 비유를 들면 강력한

전륜왕이 병사들 전공이 있으면
코끼리나 말 수레 등이나
장신구나 밭이나 집 마을이나
도시 등을 하사하며 혹은
의복이나 온갖 진기한 보배나
노비나 재물 등을 기쁜 마음으로
하사하다가 용감하고 어려운 일
해내는 사람이 있을 때 비로소 왕은
상투 속의 보배 구슬을 하사하느니라.
여래도 또한 이와 같아서
법왕이 되어 인욕의 큰 힘과 지혜의
보배 창고 있으며 대비심으로
여법히 세상을 교화하시다가
중생들 온갖 고통을 받고 해탈을
구하려고 하여 모든 마구니와
전쟁 벌이는 것 보시고 이 중생들
위해서 온갖 법 설하나니
대방편으로 이 모든 경 설하여
이미 중생들 그 힘을 얻은 줄을 알고

최후에야 이 법화경 설하나니
마치 왕이 상투 속의 보배

구슬을 주는 것과 같으니라.
이 경은 존귀하며 여러 경전 가운데
으뜸이라 내가 항상 수호하여
헛되이 열어 보여 주지 않다가
지금이 바로 그 시기가 되었기에 그
대들 위해 설하나니 내 멸도 후에
불도를 구하는 사람들 편안하게
이 경 설하고자 한다면
마땅히 이와 같은 4가지법을
가까이하여야 하느니라.
 이 경을 독송하는 사람들은
항상 걱정이 없으며 또한 병의
고통도 없으며 안색은 신선하고 맑으며
빈궁하고 비천하며 누추하게 태어나지
않으며 중생들이 즐겨 친견하되
마치 현성(賢聖)을 사모하는 듯하며
하늘의 동자들이 시자가 되며 칼과
몽둥이 위협하지 못하며
독도 해치지 못하느니라.

4

 만약 어떤 사람 그에게 욕해도

입이 곧 닫히며 밖에 나다녀도
두려움 없기가 마치 사자왕과 같으며
지혜광명이 마치 태양처럼 비추리라.
만약 꿈을 꾸게 되면 그 속에서
좋은 일만을 보게 되나니 모든 여래
사자좌에 앉아 비구 무리들에게
둘러싸여 설법하는 것을 볼 것이며,
또한 용신과 아수라 무리들
항하사와 같이 많은데 공경히
합장하고 있음을 보는데
자신이 그들을 위해서 설법하고
있음을 보며 또한 제불 금색신에서
무량한 광명을 놓으사 일체 세간을
비추는데 아름다운 목소리로 제법을
설하며 부처님 사부대중 위해서
무상법을 설하시는데, 자신도
그 속에서 합장 찬불하며 법을 듣고
환희하며 공양을 올리며
다라니를 얻고 부처님의 지혜를
증득한 것을 보게 되느니라.

부처님은 그 마음 불도에 깊이

들어간 줄을 아시고 곧
"최고의 깨달음을 성취하리라"는
수기를 주시되 "선남자여 그대는
마땅히 미래세에 무량한 지혜가 있는
부처의 대도를 얻게 되어 국토는
장엄하고 깨끗하며 광대하여
비교할 곳 없으며 또한 사부대중 있어
합장하고 법을 청하며 또한 자신이
산속에 머무르며 선법을 닦고 모든
실상을 증득하여 깊은 선정에 들며
시방세계의 부처님 친견하리라."

모든 부처님의 몸은 황금으로
되어 있고 모든 복이 장엄하였네.
법을 듣고 남을 위해 설하니
항상 좋은 꿈 있으리라.
또한 꿈에 국왕이 되고 궁전과 권속과
최상의 즐거움을 버리고 도량에
나아가 보리수나무 아래 사자좌에
앉아서 도를 구하되 7일이 지나자
부처의 지혜를 얻게 되고
무상도를 이루게 되었네.

일어나 법륜을 굴리며 사람들 위해서
설법하니 천만억겁이 흘렀네.
무루묘법을 설하여 무량한 중생들
제도하며 후에 열반에 들어가니
마치 연기가 다하고 등불이
소멸하는 듯하네.
만약 나중 악세 중에 이 제일법을
설한다면 이 사람 큰 이익을 얻음이
마치 위의 모든 공덕과 같느니라.

강의

신안락행(몸의 안락행) – 여수 향일암에서 10만배 절 기도

문수사리보살이 부처님께 후세 악세에 법화경을 어떻게 설해야 하느냐고 묻자, 부처님께서 4가지 안락행에 머물면서 이 경을 설해야 한다고 말씀하신다. 네 가지는 몸과 입과 마음과 서원을 뜻한다. 그 가운데서 여기서는 몸으로 행동하는 것에 대한 안락함을 말하고 있다.

보살의 행동 범위와 접근 범위 등 몸으로 행하는 것에 대한 안락함을 설하는 신안락행(身安樂行)에 대한 내용을 살펴보면 행처(행동 범위)와 친근처(접근 범위) 두 가지로 설명한다.

행처(行處)는 행동을 함에 있어 우선 마음가짐을 강조한다. 인욕할 것과 부드럽고 겸손할 것을 강조한다. 그리고 온갖 대상을 접

촉하되 그것의 실상을 꿰뚫어 보고 집착하거나 분별하지 말 것을 강조한다.

친근처는 첫째, 왕 왕자 대신 관장 외도 남을 죽여서 생업을 잇는 사람 싸움을 직업으로 하는 사람 혼자만의 수행으로 만족하는 사람들 성욕을 일으킬 수 있는 여인들이나 성불구자 등 수행에 직접적으로 도움이 되지 않는 권력자나 폭력자 등과 너무 가깝게 지내지 말 것을 설한다. 둘째, 일체의 사물은 허공 같아 실체가 없는 것인데, 다만 인연으로 인해서 잠시 존재할 뿐이니 전도된 생각을 일으키지 말고 있는 그대로의 모습을 관찰할 것을 설한다.

신안락행은 결국 마음가짐과 몸가짐과 사물을 여실히 보는 수행을 강조하고 있다. 그것을 통해서 궁극적으로 몸의 안락함을 얻을 수 있다.

현재 한국 불교에서는 다양한 수행법이 있는데 참선 염불 절기도 사경 독경 다라니주력 등이 대표적인 수행법이다. 그 중에서 일반 불교신자들이 절에서 몸으로 하는 수행법 중에서 108배 1080배 3000배 등의 절기도가 대표적이다. 해인사의 성철 큰스님 살아 계실 때에 친견하려면 꼭 3000배를 먼저 해야만 친견을 허락했다는 일화는 유명하다.

여수 향일암에서의 10만배 절기도

1990년 동국대 불교학과에서 공부할 무렵 허리 통증으로 학업에 많은 어려움을 겪었다.

병원에서 검사도 많이 하고 물리치료도 받고 한방에서 침도 맞고 여러 가지로 노력을 했지만 통증은 줄어들지 않고 오히려 더 심해졌다. 그래서 결심한 것이 나와 인연이 맞는 기도처에서 열심히 기도해서 부처님의 가피력으로 병마를 이겨보고자 했다. 전국에 유명한 기도처는 모두 다니며 며칠씩 기도를 했다. 여수 향일암은 처음 가보는 절이라 과연 어떤 곳일까 여러 가지 상상을 하면서 비포장 도로를 달리는 버스에 몸을 맡겼다. 오후 해질녘에 한참을 달려서 바다의 끝자락에 도착했다. 그 바다 맞은편이 남해 보리암이고 그 넘어가 고향 삼천포 바다이다. 버스 종점에서 산모퉁이를 따라 한참을 올라갔다. 중간에 동굴 같은 바위 사이를 간신히 빠져나가 조금 올라가니 드디어 말로만 듣던 여수 향일암이 절벽 위에 자리 잡고 있었다. 남해 바다가 한눈에 펼쳐졌고 대웅전 앞 종각이나 관음전에서 멋있게 남해 다도해가 펼쳐졌다. 이곳이다! 내가 찾던 기도처가 바로 여기구나! 하고 생각이 들었다. 주지스님을 찾아뵙고 여기서 기도를 좀 하고 싶다고 말씀드리고 객실에 짐을 풀었다.

다음날부터 매일 3000배씩 절을 해나갔다. 첫날은 너무 힘들고 시간도 안 갔다. 새벽 3시에 일어나 저녁 9시까지 오전에 법당 축원 함께 하는 시간 외에는 절기도하느라 하루 종일 관음전에 살았다. 일주일 동안은 너무도 힘들었는데 다리와 온몸에 뭉쳤던 근육들이 일주일이 지나자 차츰 풀리며 부드러워지고 몸이 가벼워졌다. 절하는 속도도 빨라지고 마음도 안정이 되어 편해져 갔다. 새벽에 절하러 갈 때가 힘들고 오후에 쉬다가 법당 들어갈 때는 전쟁터로 가는 병사들마냥 억지로 나갔다. 막상 절을 시작하면 처음 108배 200배 300배가 넘어가면 힘든 줄 모르고 1000배를 마친다. 21일이 지나자 절하는 속도가 훨씬 빨라져 새벽 오전 오후 시간만 절하면 3000배를 모두 끝내고 저녁 기도 때는 다라니주력에 매진했다. 3000배 절하면서 별별 생각이 다 들었다. 내가 왜 이렇게 힘든 기도를 매일 매일 싸움처럼 해야 하는가? 업장이란 게 쌓는 것은 쉬워도 그것을 참회하고 소멸하기는 몇 배 몇십배로 힘드는 거구나! 과거 한 번 본 사람의 얼굴도 떠오르고 좋았던 기억 고통스러웠던 생각들 섭섭한 마음들 절하는 내내 여러 가지 생각들이 떠올랐다. 108참회문으로 절을 했는데 집중이 잘 될 때도 있었지만 무의식 속의 생각들이 불현듯 스쳐가고 번뇌들이 기도에 방해가 될 때도 많았다. 그럴 때 3000배라는 숫자를 채우는 것이 바로 기도라 생각하고 편안하게 계속하다가 보니 자연스럽게 마음 속의 생각들이 줄어들기 시작했다. 마음을 통해서 몸을 조절할 수도 있지만 절기도 등 몸을 통해서 마음을 조절할 수도 있구나 하는 작은 깨달음들이 왔다. 다행히 저녁 시간 천수다라니 주력은 거의 99.9%에 가까울 정도로 집중력이 높아졌다. 몸으로 하는 절기도와는 달리 다라니주력은 주로 앉아서 입으로 소리내면서 했다.

이렇게 시간이 흐를수록 다라니주력에 힘이 붙기 시작했다. 하루는 손목에 낀 단주를 쥐고 저녁9시에 자리에 누웠는데 염주 몇

알을 돌리며 관세음보살 정근을 하는데 불과 1분 정도 되었나 했는데 새벽 3시가 된 적도 있다. 불가사의한 일이다. 6시간이 단 1분도 안되어 지나가다니! 이렇게 한 달이 가고 드디어 33일이 지나고 10만배 절 기도를 회향하게 되었다.

10월 중순에 시작했는데 11월 말이 거의 되고 바닷바람도 차가워졌다. 살아가면서 나에게는 큰 경험이었다. 절기도와 다라니기도에 대한 여러 가지 추억 중의 하나이다.

그때 같이 있던 스님 한 분은 매일 5000배씩 100일을 했다. 자신의 불가사의한 경험을 직접 들었다. 이 이야기는 다음에 기회가 되면 독자들에게 들려 줄 계획이다.

그리고 또 내가 직접 아는 비구니 스님 한 분은 매일 3000배씩 10년 동안 하루도 빠지지 않고 했다. 절기도는 가벼운 산책이고 능엄신주 다라니 주력이 목적이다. 이 스님께 직접 들은 신비한 경험에 대한 이야기들도 있다. 이 분들에 비하면 나의 10만배 절기도는 어린아이 소꿉장난과 같은 것이다. 무림에는 숨은 고수들이 참 많이 있구나 하는 생각을 한다.

단지 우리가 알지 못할 뿐 엄연히 존재하고 있다.

나에게 절 기도는 좀 힘든 것이었고 다라니기도는 수행의 목표를 결정짓는 계기가 되었다.

이 생에 가능할지는 모르겠지만 요즘 15개월 동안 매일하는 다라니주력을 놓쳐 본 적이 거의 없다. 다라니 기도에 관심 있거나 같이 수행하기를 원하는 사람들이 있으면 염불결사를 만들어 10만독부터 출발하여 1000만독까지 성취하는 것이 내 염불수행의 종착지이다. 절기도가 우리가 지은 업장을 녹여주는 수행이라면 다라니주력은 삼매와 지혜력을 극대화시켜서 궁극에는 최상의 행복을 가져다 주는 수행법이다. 이런 수행법을 접하게 되어 하루하루가 즐겁다. 불교는 생각으로만 하는 종교가 아니다. 참선을 하든 절수행을 하든 염불이나 독경 사경 다라니주력 등의 수행법을 통해서 나를 더욱 편안하고 행복하게 만드는 종교이다.

혹시 이런 수행법을 직접 행하지 않는 불자들이 있다면 몸으로 직접 해보길 기원한다.

안락행품의 첫 번째 몸의 안락행의 의미도 마음가짐과 행동으로 직접 실천할 것을 강조하고 있다.

구안락행 - 좋은 말을 통해서 행복으로 가는 길

여기서는 입에 대한 안락행을 말한다. 경전이나 법사의 허물을 찾지 말며 남의 이름을 들어가며 비난하거나 칭찬하지 말며, 소승법으로 대답하지 말고 대승법으로 설법할 것을 강조한다. 우리가 일상에서 말 한마디 잘못해서 목숨까지 잃는 경우도 있고 반대로 따뜻한 말 한마디에 삶의 희망을 줄 수도 있다. 말 한마디에 천냥 빚을 갚는다는 우리 속담도 있지 않은가!

구안락행은 살아가면서 말을 조심해서 할 때 행복이 온다는 내용이다.

의안락행 - 좋은 생각을 통해서 행복으로 가는 길

일체중생에게 대비심을 일으키며 여래께는 자부(慈父)라는 마음을 내야 한다. 시방의 모든 보살마하살께 깊은 존경심을 갖고 예배하여야 한다. 이렇게 하는 사람에게는 좋은 도반들이 생기며 법을 듣기 위해서 많은 대중들이 모여들게 된다.

이러한 마음을 쓸 때 행복이 찾아오는 것이다.

서원안락행- 나의 염불에 대한 서원: 염불 100일 기도

소원은 개인적인 바람을 말하는 것이라면 불교의 서원이나 원력은 그 범위가 나 자신뿐만 아니라 이웃이나 사회적으로 넓어진다. 불교의 대표적인 서원이 4가지가 있다. 그것을 4홍서원이라 한다. 불교의 거의 모든 행사에 시작은 삼귀의로 하고 마칠 때는 사홍서원을 한다. 이 용어도 법화경 제5 약초유품을 천태 지의대사가 해석하면서 생겨나게 된다.

첫째는 중생을 다 건지오리다.

둘 째는 번뇌를 다 끊어오리다.

셋 째는 법문을 다 배우오리다.

넷 째는 불도를 다 이루오리다.

서원안락행의 서원은 '이런 사람들(말세에 법이 멸하려 할 때)은 크게 잘못을 범해 여래께서 방편으로 성품 따라 설법하심을 듣지도 알지도 깨닫지도 못하며 묻지도 믿지도 이해하지도 못하나니, 그 사람들 이 경전을 묻고 믿고 이해하지 못한대도 내가 아뇩다라삼먁삼보리 얻게 될 때가 온다면, 어디에 있건 신통과 지혜력으로 이들을 인도하여 이 법속에 안주하게 하리라.'이다. 이 서원안락행을 성취하게 되면 일체중생이 그분을 지극히 모시며 사람들이 법을 듣기 위해서 모여들며, 호법신장이 이 사람을 수호한다. 그리고 법화경은 삼세제불이 수호하며 무량한 나라에서 이름조차 듣기 어려운데 이 경을 만나서 수지 독송하는 사람은 그 공덕이 무량함을 밝힌다. 전륜성왕의 상투 속 보배구슬 비유로 법화경의 중요성을 강조한다.

염불에 대한 서원

처음 출가해서 얼마 안 되어 큰 시련이 찾아왔다. 출가하기 전에 음악에 대한 능력이 남들보다 뒤떨어졌는데 절에 들어와 수계식을 하고 스님이 되고 나니, 법회 때 찬불가가 있고 스님들은 기본적으로 법당에서 목탁도 쳐야 하고 염불도 해야 했다.

참선하는 스님들은 선방에 앉아서 수행하면 되지만 어른 스님 모시고 사는 입장에서 염불을 안 할 수 없는 처지가 되었다. 출가하기 전에 워낙 음악을 못하던 터라 염불은 목청도 좋고 음감이 있는 사람이 쉽게 하리라는 생각을 하고 살던 시절이었다. 염불만 전문적으로 배우는 어산학교에 가서 공부를 해야 하나 이런 저런 생각으로 고민에 빠졌다. 어른 스님들로부터 절에 살려면 부처님 탁자밥은 내려 먹어야 된다는 이야기는 여러 번 들은 터라 배워야 된다는 생각은 평소 하고 있었다. 기본적으로 절에서 스님들이 해야 하는 염불이 새벽 종성, 사시 불공, 49재나 천도재 때 하는 관음시식이다.

법회 때 하는 찬불가도 안 되고 염불소리는 너무 엉망이었다. 얼굴도 화끈거리고 사람들 앞에만 서면 주눅이 드는 성격이라 날이

갈수록 자신감이 없었다. 그러던 어느 날 1988년 여름으로 기억된다. 부산의 조그만 암자에 어른 스님 모시고 있었는데, 부처님께 기도를 드렸다. "부처님 제가 염불을 좀 잘하게 해주세요! 최소한 내 염불소리를 듣고 사람들이 짜증을 내지 않고 기쁜 마음을 가질 수 있도록 도와주세요!" 이렇게 기도를 드리고 다음날부터 백일 동안 하루에 8시간씩 하루에 4번 기도를 시작했다. 새벽 4시부터 6시까지 오전 10시에서 12까지 오후 2시에서 4시 저녁 7시에서 9시까지 죽어라고 목탁을 치고 큰소리로 염불을 했다. 처음에는 시간도 너무 안 가고 목도 아프고 이런 저런 생각들이 많았는데, 열흘이 가고 보름이 가고 한 달이 지나면서 염불하는 것이 차츰 편안해지고 번뇌들도 점점 사라지고 시간도 빨리 지나갔다. 두 달이 가고 석 달이 가고 드디어 100일이 되었다. 염불 목소리가 음이 잡혔다. 자신감도 생겼고 큰스님께서 염불 못한다고 걱정을 하셨는데, 100일이 지나고 하루는 염불소리를 듣고나서 이제 그만하면 평생 염불은 되었다고 칭찬까지 하셨다.

　신도 한 분이 절에서 49재를 지내는데 내 염불소리가 너무 듣기 좋다고 칭찬을 하셨고 어떤 분은 염불 녹음을 좀 해달라는 사람도 있었다. 참 신기했다. 그토록 음치인 내가 어떻게 이런 기막힌 일이 일어날 수 있는가! 지금은 다라니주력은 매일하지만 일반 천수경이나 염불은 안 한 지 좀 되었다. 그리고 나는 전공이 교학과 포교 분야라 염불을 정통적으로 배운 적이 없다. 전국 각지에 염불 잘하시는 스님들이 너무나 많다. 그냥 어깨너머로 보고 듣고 혼자서 독학으로 했다. 출가한 지 얼마 안 된 시절에 부처님께 염불에 대한 서원을 세웠고 100일 동안 염불기도를 한 공덕으로 지금껏 자신감 있게 살아가고 있다. 비록 염불할 일은 많지 않지만….

"부처님 제가 염불을 좀 잘하게 해주세요! 최소한 내 염불소리를 듣고 사람들이 짜증을 내지 않고 기쁜 마음을 가질 수 있도록 도와주세요!"

서원안락행에서 서원은 '말세 중생들이 비록 불교의 법화경과 인연이 별로 없다 할지라도 내가 깨달음을 얻는다면 신통과 지혜력으로 그들을 인도하여 불법 속에 안주케 하겠나이다.' 이다. 우리 각자도 개인의 소원도 필요하지만 한 발 더 나아가 이웃들과 나눌 수 있는 실행 가능한 서원을 세워보는 것은 어떨까!

3장 여래수량품

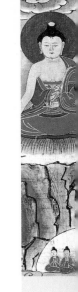

이 품은
범어로 Tathāgata-āyuṣ-pramāṇa-parivarto인데
Tathāgata는 여래를 뜻하며
āyuṣ는 수명을 뜻하고
pramāṇa은 수량을 의미하며
parivarto는 품을 뜻한다.
그래서 여래수량품이 된다.

미륵보살과 모든 대보살이 부처님께 세 번이나 가르침을 간청하자 부처님께서 설하되 모든 중생이 세존께서는 가야성에서 멀지 않은 도량에서 깨달음을 얻었다고 말하지만 사실은 깨달음을 얻은 지가 무량무변 백천만억 나유타 겁이 지났다. 그리고 미진의 비유를 들어서 한량없는 세월을 설명하지만 다 설명할 수 없다. 여래께서 멸도를 보인 것은 중생들이 교만한 생각을 하고, 부처님을 만나기 어렵다는 생각을 하지 않고, 정진하려 하지 않기 때문에 박덕한 중생에게 방편으로 열반의 모습을 보인 것이지 사실은 여래께서는 상주불멸하는 분이다. 그것을 어진 의사의 비유로 설명하고 있다.

　법화경을 해석한 인도의 세친 논사나 중국의 천태대사 그리고 한국의 원효대사도 법화경에서 방편품과 여래수량품을 중시했다. 방편품은 부처님의 자비 방편을, 여래수량품은 진리 그 자체를 통찰하는 부처님의 지혜에 무게 중심을 두고 있다.

묘법연화경여래수량품 제십육
妙法蓮華經如來壽量品 第十六

1

이시불고제보살급일체대중제선남자　여등당신해여래
爾時佛告諸菩薩及一切大衆諸善男子　汝等當信解如來

성제지어　부고대중　여등당신해여래성제지어　우부고
誠諦之語　復告大衆　汝等當信解如來誠諦之語　又復告

제대중　여등당신해여래성제지어　시시보살대중　미륵
諸大衆　汝等當信解如來誠諦之語　是時菩薩大衆　彌勒

위수합장백불언　세존　유원설지　아등당신수불어　여
爲首合掌白佛言　世尊　唯願說之　我等當信受佛語　如

시삼백이　부언유원설지　아등당신수불어　이시세존
是三白已　復言唯願說之　我等當信受佛語　爾時世尊

지제보살삼청부지　이고지언　여등제청　여래비밀신통
知諸菩薩三請不止　而告之言　汝等諦聽　如來祕密神通

지력　일체세간천인급아수라　개위금석가모니불출석씨
之力　一切世間天人及阿修羅　皆謂今釋迦牟尼佛出釋氏

궁　거가야성불원좌어도량　득아뇩다라삼막삼보리　연
宮　去伽耶城不遠坐於道場　得阿耨多羅三藐三菩提　然

선남자　아실성불이래　무량무변백천만억나유타겁
善男子　我實成佛已來　無量無邊百千萬億那由他劫

2

비여오백천만억나유타아승지삼천대천세계　가사유인
譬如五百千萬億那由他阿僧祇三千大千世界　假使有人

132

말위미진　　과어동방오백천만억나유타아승지국　내하일
抹爲微塵　過於東方五百千萬億那由他阿僧祇國　乃下一
진　여시동행진시미진　　제선남자　어의운하　시제세계
塵　如是東行盡是微塵　諸善男子　於意云何　是諸世界
가득사유교계지기수부　미륵보살등구백불언　세존　시
可得思惟校計知其數不　彌勒菩薩等俱白佛言　世尊　是
제세계무량무변비산수소지　역비심력소급　일체성문벽
諸世界無量無邊非算數所知　亦非心力所及　一切聲聞辟
지불　이무루지　불능사유지기한수　아등주아유월치지
支佛　以無漏智　不能思惟知其限數　我等住阿惟越致地
어시사중역소부달　세존　여시제세계무량무변
於是事中亦所不達　世尊　如是諸世界無量無邊

3

이시불고대보살중　제선남자　금당분명선어여등　시제
爾時佛告大菩薩眾　諸善男子　今當分明宣語汝等　是諸
세계　약착미진급불착자　진이위진일진일겁　아성불이
世界　若著微塵及不著者　盡以爲塵一塵一劫　我成佛已
래　부과어차백천만억나유타아승지겁　자종시래　아상
來　復過於此百千萬億那由他阿僧祇劫　自從是來　我常
재차사바세계설법교화　역어여처백천만억나유타아승
在此娑婆世界說法敎化　亦於餘處百千萬億那由他阿僧
지국도리중생　제선남자　어시중간　아설연등불등　우
祇國導利眾生　諸善男子　於是中間　我說燃燈佛等　又
부언기입어열반　여시개이방편분별
復言其入於涅槃　如是皆以方便分別

2강

한문 경문

1

諸善男子 若有衆生來至我所 我以佛眼 觀其信等諸根
利鈍 隨所應度 處處自說名字不同年紀大小 亦復現言
當入涅槃 又以種種方便說微妙法 能令衆生發歡喜心
諸善男子 如來 見諸衆生樂於小法德薄垢重者 爲是人
說 我少出家得阿耨多羅三藐三菩提 然我實成佛已來久
遠若斯 但以方便敎化衆生 令入佛道作如是說 諸善男
子 如來所演經典 皆爲度脫衆生 或說己身或說他身
或示己身或示他身 或示己事或示他事 諸所言說皆實不
虛

2

所以者何 如來 如實知見三界之相 無有生死若退若出
亦無在世及滅度者 非實非虛非如非異 不如三界見於三
界 如斯之事 如來明見無有錯謬 以諸衆生有種種性種
種欲種種行種種憶想分別故 欲令生諸善根 以若干因緣

134

비유언사종종설법　소작불사미증잠폐　여시아성불이래
譬喻言辭種種說法　所作佛事未曾暫廢　如是我成佛已來

심대구원　수명무량아승지겁상주불멸　제선남자　아본
甚大久遠　壽命無量阿僧祇劫常住不滅　諸善男子　我本

행보살도소성수명　금유미진부배상수　연금비실멸도
行菩薩道所成壽命　今猶未盡復倍上數　然今非實滅度

이변창언당취멸도　여래이시방편교화중생
而便唱言當取滅度　如來以是方便敎化眾生

3

소이자하　약불구주어세　박덕지인부종선근　빈궁하천
所以者何　若佛久住於世　薄德之人不種善根　貧窮下賤

탐착오욕　입어억상망견망중　약견여래상재불멸　변기
貪著五欲　入於憶想妄見網中　若見如來常在不滅　便起

교자이회염태　불능생난조지상공경지심　시고여래이방
憍恣而懷厭怠　不能生難遭之想恭敬之心　是故如來以方

편설　비구당지　제불출세난가치우　소이자하　제박덕
便說　比丘當知　諸佛出世難可值遇　所以者何　諸薄德

인　과무량백천만억겁　혹유견불혹불견자　이차사고아
人　過無量百千萬億劫　或有見佛或不見者　以此事故我

작시언　제비구　여래난가득견　사중생등문여시어　필
作是言　諸比丘　如來難可得見　斯眾生等聞如是語　必

당생어조지상　심회연모갈앙어불　변종선근　시고여래
當生於遭之想　心懷戀慕渴仰於佛　便種善根　是故如來

수불실멸이언멸도
雖不實滅而言滅度

한문 경문

1

又善男子 諸佛如來法皆如是

爲度眾生皆實不虛 譬如良醫智慧聰達 明練方藥善治眾

病 其人多諸子息 若十二十乃至百數 以有事緣遠至餘

國 諸子於後飲他毒藥 藥發悶亂宛轉于地 是時其父還

來歸家 諸子飲毒 或失本心或不失者 遙見其父皆大歡

喜 拜跪問訊善安隱歸 我等愚癡誤服毒藥 願見救療更

賜壽命 父見子等苦惱如是 依諸經方 求好藥草色香美

味皆悉具足 擣篩和合與子令服 而作是言

2

此大良藥 色香美味皆悉具足 汝等可服 速除苦惱無復

眾患 其諸子中不失心者 見此良藥色香俱好 即便服之

病盡除愈 餘失心者 見其父來 雖亦歡喜問訊求索治病

然與其藥而不肯服 所以者何 毒氣深入失本心故 於此

好色香藥而謂不美 父作是念 此子可愍 爲毒所中心皆

136

전도　수견아희구색구료　여시호약이불긍복　아금당설
顚倒　雖見我喜求索救療　如是好藥而不肯服　我今當設
방편령복차약　즉작시언
方便令服此藥　卽作是言

3

여등당지　아금쇠로사시이지　시호양약금류재차　여가
汝等當知　我今衰老死時已至　是好良藥今留在此　汝可
취복물우불차　작시교이부지타국　견사환고　여부이사
取服勿憂不差　作是敎已復至他國　遣使還告　汝父已死
시시제자문부배상　심대우뇌이작시념　약부재자　자민
是時諸子聞父背喪　心大憂惱而作是念　若父在者　慈愍
아등능견구호　금자사아원상타국　자유고로무부시호
我等能見救護　今者捨我遠喪他國　自惟孤露無復恃怙
상회비감심수성오　내지차약색미향미　즉취복지독병개
常懷悲感心遂醒悟　乃知此藥色味香美　卽取服之毒病皆
유　기부문자실이득차　심변래귀함사견지　제선남자
愈　其父聞子悉已得差　尋便來歸咸使見之　諸善男子
어의운하　파유인능설차양의허망죄부
於意云何　頗有人能說此良醫虛妄罪不
불야세존　불언　아역여시　성불이래　무량무변백천만
不也世尊　佛言　我亦如是　成佛已來　無量無邊百千萬
억나유타아승지겁　위중생고　이방편력언당멸도　역무
億那由他阿僧祇劫　爲衆生故　以方便力言當滅度　亦無
유능여법설아허망과자　이시세존욕중선차의　이설게언
有能如法說我虛妄過者　爾時世尊欲重宣此義　而說偈言

한문 경문

1

자아득불래　소경제겁수　무량백천만　억재아승지
自我得佛來　所經諸劫數　無量百千萬　億載阿僧祇

상설법교화　무수억중생　영입어불도　이래무량겁
常説法教化　無數億眾生　令入於佛道　爾來無量劫

위도중생고　방편현열반　이실불멸도　상주차설법
爲度眾生故　方便現涅槃　而實不滅度　常住此説法

아상주어차　이제신통력　영전도중생　수근이불견
我常住於此　以諸神通力　令顛倒眾生　雖近而不見

중견아멸도　광공양사리　함개회연모　이생갈앙심
眾見我滅度　廣供養舍利　咸皆懷戀慕　而生渴仰心

중생기신복　질직의유연　일심욕견불　부자석신명
眾生既信伏　質直意柔軟　一心欲見佛　不自惜身命

시아급중승　구출영취산　아시어중생　상재차불멸
時我及眾僧　俱出靈鷲山　我時語眾生　常在此不滅

이방편력고　현유멸불멸　여국유중생　공경신요자
以方便力故　現有滅不滅　餘國有眾生　恭敬信樂者

아부어피중　위설무상법　여등불문차　단위아멸도
我復於彼中　爲説無上法　汝等不聞此　但謂我滅度

2

아견제중생　몰재어고뇌　고불위현신　영기생갈앙
我見諸眾生　沒在於苦惱　故不爲現身　令其生渴仰

인기심연모　내출위설법　신통력여시　어아승지겁
因其心戀慕　乃出爲説法　神通力如是　於阿僧祇劫

상재영취산　급여제주처　중생견겁진　대화소소시
常在靈鷲山　及餘諸住處　眾生見劫盡　大火所燒時

아차토안은　천인상충만　원림제당각　종종보장엄
我此土安隱　天人常充滿　園林諸堂閣　種種寶莊嚴

138

보수다화과 實樹多花果　중생소유락 眾生所遊樂　제천격천고 諸天擊天鼓　상작중기악 常作眾伎樂
우만다라화 雨曼陀羅花　산불급대중 散佛及大眾　아정토불훼 我淨土不毀　이중견소진 而眾見燒盡
우포제고뇌 憂怖諸苦惱　여시실충만 如是悉充滿　시제죄중생 是諸罪眾生　이악업인연 以惡業因緣
과아승지겁 過阿僧祇劫　불문삼보명 不聞三寶名　제유수공덕 諸有修功德　유화질직자 柔和質直者
즉개견아신 則皆見我身　재차이설법 在此而説法　혹시위차중 或時爲此眾　설불수무량 説佛壽無量
구내견불자 久乃見佛者　위설불난치 爲説佛難値

3

아지력여시 我智力如是　혜광조무량 慧光照無量　수명무수겁 壽命無數劫　구수업소득 久修業所得
여등유지자 汝等有智者　물어차생의 勿於此生疑　당단령영진 當斷令永盡　불어실불허 佛語實不虛
여의선방편 如醫善方便　위치광자고 爲治狂子故　실재이언사 實在而言死　무능설허망 無能説虛妄
아역위세부 我亦爲世父　구제고환자 救諸苦患者　위범부전도 爲凡夫顛倒　실재이언멸 實在而言滅
이상견아고 以常見我故　이생교자심 而生憍恣心　방일착오욕 放逸著五欲　타어악도중 墮於惡道中
아상지중생 我常知眾生　행도불행도 行道不行道　수소응가도 隨所應可度　위설종종법 爲説種種法
매자작시의 每自作是意　이하령중생 以何令眾生　득입무상혜 得入無上慧　속성취불신 速成就佛身

해석
여래수량품 제16

한글 경문

1

이때 세존께서 보살들과 일체 대중들에게 말씀하시되 "선남자들이여, 그대들은 마땅히 여래의 진리의 말씀을 믿고 이해하라! 다시 대중들에게 말씀하시되, 그대들은 마땅히 여래의 진리의 말씀을 믿고 이해하라! 다시 한 번 더 대중들에게 말씀하시되, 그대들은 마땅히 여래의 진리의 말씀을 믿고 이해하라!" 이때 보살대중 가운데 미륵이 앞으로 나와 합장하고 부처님께 여쭙되, "세존이시여 원컨대 설법해 주소서! 저희들이 마땅히 부처님 말씀을 믿고 받들겠나이다. 이같이 세 번이나 간청하고 다시 여쭙되, 원컨대 설법해 주소서! 저희들이 마땅히 부처님 말씀을 믿고 받들겠나이다." 이때 세존께서 보살들이 세 번이나 청해 그치지 않음을 아시고 말씀하셨다. "그대들은 여래의 비밀스러운 신통력을 자세히 들으라. 일체 세간의 천인과 아수라 등이 모두 말하기를 지금의 석가모니불이 석가족의 왕궁을 출가하여 가야성에서 멀지 않은 곳으로 가서 도량에 좌선하시어 깨달음을 얻었다 하나, 선남자여, 나는 진실로 성불한 지가 무량무변 백천만억 나유타 겁이나 되었느니라."

2

"비유를 들자면 마치 오백천만억 나유타 아승지 삼천대천세계를 설령 어떤 사람이 있어 갈아 티끌로 만들어서 동방 오백천만억 나유타 아승지국을 지나서 티끌 하나를 떨어뜨려 이와 같이 동쪽으로 가면서 이 티끌이 모두 없어진다고 한다면, 선남자들이여 어떻게 생각하는가? 이 모든 세계가 가히 생각과 계산으로 그 수를 알 수 있는가?, 없는가?" 미륵보살 등이 함께 부처님께 대답하되, "세존이시여, 이 세계는 무량무변하여 계산으로 알 수 있는 바가 아닙니다. 또한 마음의 힘으로는 미칠 수가 없습니다. 일체의 성문 벽지불이 능히 무루의 지혜로도 사유해서 그 숫자의 한계를 알 수 없습니다. 저희들이 불퇴전(아유월치)의 지위에 머물러도 이 일을 또한 알 수는 없습니다. 세존이시여 이와 같은 모든 세계는 무량무변하나이다."

3

　이때 부처님께서 대보살들에게 말씀하셨다. "선남자들이여, 지금 분명히 그대들에게 말하노니, 이 모든 세계에서 만약 작은 티끌을 묻히거나 안 묻히거나 모두 티끌을 만들어서 한 티끌을 한 겁으로 친다고 하더라도 내가 성불한 지가 다시 이보다 백천만억 나유타 겁도 더 되었느니라. 이로부터 나는 항상 이 사바세계에 있으면서 설법 교화했으며, 또한 다른 곳에 있는 백천만억 나유타 아승지국에서 중생을 인도해 이롭게 했느니라. 선남자들이여, 이 중간에 내가 연등불이라 말했으며, 또한 다시 말하기를 열반에 든다고 했으니, 이 모든 것이 다 방편으로 설한 것이니라."

1

선남자들이여, 만약 중생들 있어 나의 처소로 오면 내가 부처의 눈으로 그 사람의 믿음과 근기를 관찰하여 성품 따라 제도하리라. 곳곳에서 이름이 다르고 나이에 차이가 있음을 알아 스스로 설하며, 또한 열반에 들리라고 말하며 또 온갖 방편으로 미묘법을 설하여 능히 중생들로 하여금 환희심을 내게 하느니라. 선남자들이여, 여래가 중생들 소법을 좋아하고 박덕하고 업장이 두터운 것을 보고 이 사람들 위해 설법하되 "내가 젊어 출가하여 최상의 깨달음을 얻었느니라" 말하나 내가 실로 성불한 지가 아득히 오래된 것이 이와 같으나 단지 방편으로 중생들을 교화하여 불도에 들어가게 하기 위해서 이와 같이 설하느니라. 선남자들이여, 여래가 설한 경전들은 모두 중생들 제도하기 위해서이니라. 혹은 자신의 몸을 설하고 혹은 다른 부처의 몸을 설하며, 혹은 자신의 몸을 보이며 혹은 다른 부처의 몸을 보이며, 혹은 자기 불사를 보이며 혹은 다른 부처의 불사를 보이느니라. 모든 말씀 진실하며 허망하지 않느니라.

2

왜냐하면 여래는 삼계의 모습을 여실히 보아서 알며, 생사가 없고 퇴출이 없으며 또한 재세나 멸도가 없느니라. 실과 허가 없으며 같음과 차이도 없으며 삼계로 삼계를 보는 것과는 다르느니라. 이와 같은 일을 여래는 명확히 보아서 착오가 없지만 여러 중생들 온갖 성품과 욕망과 행동과 생각과 분별 때문에 모든 선근을 생겨나게 해서 약간의 인연 비유 언사로 여러 가지 설법하나니 일찍이 불사를 하여 잠시도 멈춘 바가 없었느니라. 이와 같이 내가 성불한 지가 심대 구원하여 수명은 무량 아승지겁이며 상주불멸이니라.

선남자들이여, 내가 본래 보살도 행하여 이룬 수명은 지금 오히려 다하지 않은 것이며 다시 위의 숫자의 곱이나 되느니라. 그러나 지금 실멸도가 아니지만 곧 말하되, "마땅히 멸도를 취하리라." 여래는 이러한 방편으로 중생을 교화하느니라.

3

왜냐하면 만약 부처님 세상에 오래도록 머물게 되면 박덕한 사람들이 선근을 심지 않고 가난하고 천하며 오욕에 탐착하여 기억과 생각의 허망한 그물에 걸려들며, 만약 여래의 상주불멸함을 보면 곧 교만심을 일으키고 나태한 생각을 품으며 부처님 만나 뵙기 어렵고 공경해야 한다는 생각을 내지 않기 때문에 여래는 방편으로 설법하느니라. 비구여 마땅히 알라. 제불이 세상에 출현함은 가히 만나 뵙기 어려움을. 왜냐하면 박덕한 사람들은 무량 백천만억겁 지나도 부처님 친견하는 사람도 있고 못하는 사람도 있으니 이런 일 때문에 내가 말하되 비구들이여 여래는 만나 뵙기 어려운 분이니라. 이 중생들 이러한 이야기를 듣고 반드시 마땅히 '부처님 만나기 어렵다'는 생각을 하고 연모하는 마음을 품고 부처님을 간절히 우러러보며 곧 선근을 심느니라. 이런 까닭에 여래는 비록 실재로 죽음이 없지만 멸도(죽음) 한다고 말하느니라.

3강
한글 경문

1

또한 선남자여 제불 여래법이 모두 이와 같나니 중생을 제도하기 위함이며 모두 진실하며 거짓이 없느니라. 비유하자면 양의가 있어 지혜가 뛰어나고 약을 처방함에 있어 탁월하여 온갖 병들을 잘 치유하는데, 그 사람에게 자식들이 많으니 10명, 20명, 내지 100명이나 된다고 하자. 사연이 있어 멀리 다른 나라로 갔는데, 자식들이 이후에 남의 독약을 먹고 약기운이 발동하여 답답하고 어지러워하며 땅에 뒹굴거늘, 이때 그 아버지가 집에 돌아 왔느니라. 자식들 독을 먹고 혹은 본심을 잃고 혹은 실성하지 않은 자들도 있는데, 멀리서 그 아버지를 보고 모두 크게 기뻐하며 절하고 무릎 꿇고 문안을 여쭙되, "편히 잘 다녀오셨습니까? 저희들이 어리석어 독약을 잘못 먹었으니 원컨대 고쳐 주시고 다시 수명을 주십시오!" 아버지는 아이들의 고통이 이와 같음을 보고 경방(經方)에 의해 좋은 약초를 구하니 색과 향 좋은 맛을 모두 갖추었느니라. 찧고 채로 쳐서 화합하여 자식들에게 주어 먹게 하려고 말하되,

2

"이것은 좋은 양약으로 색과 향 좋은 맛을 모두 갖추었다. 너희들이 복용하여 속히 고통을 없애고 다시는 여러 근심 없게 하라." 그 아들 중에 실성하지 않은 이들은 이 양약이 색과 향 모두 좋음을 보고 곧바로 약을 먹어 병을 치유했느니라. 나머지 실성한 아들은 그 아버지가 오는 것을 보고 비록 기뻐하며 문안드리며 병을 치료할 방법을 찾지만 약을 주어도 먹지 않느니라. 왜냐하면 독기운이 깊이 들어가 본심을 잃은 까닭에 이 좋은 색과 향을 지닌 약도 좋지 않다고 말하기 때문이니라. 아버지는 이와 같이 생각하되 '이 아이들이 가엾구나. 독약에 중독되어 마음이 모두 전도되고, 비록 나를 보고 좋아하지만 치료해 달라고 하면서도, 이와 같은 좋은 약을 먹으려고 하지 않는구나. 내가 지금 방편으로 이 약을 먹게 하리라.' 하고 이렇게 말했느니라.

3

"그대들은 마땅히 알라. 내가 지금 연로하여 죽을 때가 되었으니, 이 좋은 약을 여기에 놓아두니 너희들은 이 약을 먹되 차도가

없을 것이란 걱정은 하지 말라.” 이와 같이 가르치고는 다시 타국
에 가서 대리인을 보내 “너희 아버지가 돌아가셨다.” 라고 전하
라 했느니라. 이때 자식들은 아버지가 돌아가셨다는 말을 듣고 마
음이 크게 슬프고 괴로워하면서 이런 생각을 하되, 만약 아버지께
서 계셨다면 우리들을 불쌍히 여겨서 능히 돌봐 주었을 것을. 지
금 우리를 버리고 멀리 타국에서 돌아가시니 스스로 외롭게 생각
하여 다시 믿고 의지할 사람이 없으니, 항상 슬픈 감정을 가지다
가 마음 드디어 깨달아 이 약이 색과 맛 향기가 좋음을 알고 곧 취
하여 그것을 먹었느니라. 그리하여 중독된 병이 모두 치유되거늘
그 아버지는 자식들이 모두 쾌차했다는 소식을 듣고 곧 귀가하여
아들들이 모두 자신을 보게 하였느니라.

“선남자여, 어떻게 생각하는가? 무릇 어떤 사람 있어 이 양의
가 거짓말한 죄가 있는 것이라 말하겠는가?” “아닙니다. 세존이
시여!” 부처님께서 말씀하시되, “나도 또한 이와 같아서 성불이
래로 무량무변 백천만억 나유타 아승지겁이 지났지만 중생들 위
한 까닭에 방편력으로 멸도에 들 것이라 말하나, 능히 어떤 사람
도 여법하게 나에게 허망한 허물이 있는 사람이라고 말하지 못하
리라.” 이때 세존께서 거듭 이 뜻을 펴려고 게송을 설하셨다.

1

내가 성불한 후 지나간 세월
무량 백천만 억년 아승지겁이라.
항상 설법 교화해 무수한 중생들
불도에 들어가게 한 이래로 무수겁 동안
중생 제도 위해서 방편으로 열반을 보이네.
실은 멸도하지 않고 항상 여기에
머물면서 설법하네.
내가 항상 여기 머물지만 여러
신통력 때문에 전도된 중생들 비록
가까이 있어도 볼 수가 없는 것이니라.
대중들 나의 멸도를 보고 널리
사리에 공양 올리고 모두 다
연모하는 마음 품고 간절한 마음을
일으켜 중생들 믿고 절하며 성질은
정직하고 마음은 유연하며 일심으로
부처님 친견하고자 하여 스스로
신명을 아끼지 않는다면 이때 나와
대중스님들 함께 영취산에 출현하여
내가 이때 중생들에게 말하기를

"항상 이곳에서 불멸이지만 방편력으로
멸도와 불멸도를 보인다." 말하느니라.
다른 나라에 중생들 있어 공경히 믿고
좋아하는 사람들 있으면 내가 그곳으로 가서
무상법 설하나니, 그대들은 이것을 듣지
못하고 단지 내가 멸도했다고 말하느니라.

2

내가 중생들 고뇌 속에 빠져 있음을
보고 그래서 몸을 나투지 않고 있다가
그들에게 간절한 마음을 생기게 하고
그 연모하는 마음을 인연으로 해서
이에 출현하여 설법하느니라.
신통력이 이와 같아 아승지겁 동안
항상 영취산이나 다른 장소에
머무느니라.
중생들 겁(劫)이 다하여
큰 불이 세상을 태우는 때를 보지만,
그러나 나는 여기서 편안하며 천인들은
항상 충만하여 숲과 모든 건물들
온갖 보배로 장엄하며 보배나무들
꽃과 과일 많으며

중생들 유람하며 즐기네.
하늘에서는 하늘나라 북을 울리며
항상 갖가지 악기를 연주하며
만다라화 꽃비가 내려 부처님과
대중들 몸에 뿌려지느니라.
나의 정토는 훼손되지 않지만
중생들 불이 다 타는 것을 보면서
걱정과 공포 등 이러한 고뇌가 가득하니
이런 죄 많은 중생들은 악업인연으로
아승지겁이 지나도 삼보의 이름조차
듣지 못하지만 공덕을 닦아 마음이
부드럽고 착한 사람들은 모두 내가
여기서 설법함을 보며 이 대중들 위해
불수명이 무량함을 설법하며
오랜만에 부처님 친견하는 이들에게는
부처님 만나 뵙기 어려움을
설해 주느니라.

3

내 지혜의 힘은 이와 같아 지혜의 빛은
무량한 세계를 비추며 수명은 무량겁이라
오랫동안 수행해서 얻은 바니라.

그대들 중에서 지혜 있는
사람들은 이것을 의심치 말라.
마땅히 의심을 영원히 끊을 것이니
여래의 말씀은 진실해 거짓이 없느니라.
마치 양의가 좋은 방편으로
미친 아들을 치유한 바와 같으니
죽었다고 말하나 허망한 말은
아님과 같은 이치니라.
나 또한 세상의 아버지로 고통받는
환자을 구하는 사람이라 미혹한
범부 위해서 멸도를 이야기하느니라.
 항상 나를 친견한다면
교만한 마음이 생겨 방일하고
오욕에 집착하여 악도에 떨어지기 때문에,
나는 항상 중생들이 도를 행함과
행하지 않음을 알아 그들의 근기
따라서 온갖 법을 설하느니라.
항상 '어떻게 중생들이 최상의
지혜로 들어가 속히 부처님 몸을
성취할 것인가?' 라고 생각하느니라.

강의

강의1 – 1강 경문

성불한 지는 무량겁이며 열반은 방편

여래수량품의 시작 부분은 미륵보살 등이 세존께 설법을 간청하자 "너희들은 내가 석가족 왕궁에서 출가하여 보리수나무 아래에서 깨달음을 얻었다고 말하나 실은 내가 성불한 지는 무량무변 아승지겁이 지났느니라. 이 중간에 연등불이라 말하기도 하고, 열반을 보이기도 하지만 이 모든 것이 방편으로 말한 것이니라." 라고 밝힌다.

석가모니부처님은 석가족의 왕자로 태어나 29세에 출가하여 6년 동안 설산에서 수행하고 35세에 보리수나무 아래에서 음력 12월 8일 깨달음을 얻었고 45년 동안 중생들을 위해서 수많은 마을을 다니며 중생들을 제도하시다가 80세에 열반에 드셨는데, 사실

152

은 깨달음을 얻은 지가 무량무변 아승지겁보다 더 오래되었지만 방편으로 깨달음과 열반을 보인 것이라 설한다.

열반과 죽음 – 정인의 마지막 인사

중생들이 부처님 처소에 오면 불안(佛眼)으로 관찰하여 그들의 믿음과 성품과 나이에 따라 방편으로 서로 다른 미묘법을 연설하여 환희심을 내게 한다. 또한 소법(小法)을 좋아하고 덕이 거의 없으며 업장이 두터운 중생들을 위해서 출가와 열반을 보이지만, 사실 성불한 지가 너무도 아득히 오래되었고 중생들을 방편으로 교화하여 불도에 들어가게 하기 위해서 출가와 열반을 설한 것이라 한다. "내가 성불한 지가 심대구원(甚大久遠)하고 수명은 무량 아승지겁이나 되며 상주불멸(常住不滅)이니라." 그러나 박덕하고 오욕에 집착하는 중생에게 부처가 열반하는 모습을 보여주면 마음에 공경심과 부처님 만나 뵙기 어렵다는 생각과 연모하는 마음을 품기에, 방편으로 열반을 보인 것이라 설한다.

부처님의 죽음을 열반이나 멸도라고 표현한다. 니르바나를 음사한 것으로 번뇌의 불이 완전히 꺼진 상태를 말하다. 일반적으로 스님들의 죽음도 열반으로 표현한다.

부처님께서 깨달음을 얻은 것은 숫자로 계산이 안되는 아득한 옛날이며 세상에 항상 계시며 돌아가시지 않지만 중생들을 방편으로 제도하기 위해서 죽음을 보인 것이라 밝힌다.

우리가 살아가면서 겪은 고통의 한계점은 어딜까? 몇 년 전 어느 신문에서 조사한 자료를 보면 배우자의 죽음이 인간이 감내할 수 있는 가장 큰 고통이라고 한다. 부부, 부모와 자식, 그리고 형제간에, 연인이나 친구 간에 그리고 동료 등 우리가 사랑하는 사람과 죽음으로 헤어지게 되면 그 고통은 감내하기 어려운 것이다. 몇 년 전에 인터넷에서 본 소설이 생각난다.

소설가 정인의 〈 부산을 쓴다 - 마지막 인사 (범어사) 〉
기억의 조각들을 맞추어 보면 전체적인 내용은 대충 이러하다.

〈글을 쓴 남편은 오랫동안 회사에서 열심히 일하고 해외 현지에 나가서도 회사를 위해서 열심히 일했는데 어느 날 회사가 어려워지고 명예퇴직을 강요받게 된다. 평생 열심히 일한 회사에서 버림받았다는 생각에 분노를 주체할 수가 없었다. 자신의 부인이 옆에서 힘을 내라고 또 다시 다른 일을 시작해 보자고 용기를 주었지만 부인에게 화만 내면서 자리를 박차고 나가 버린다. 젊은 시절 처음 만나서 범어사에서 데이트도 하고 좋을 때나 화 날 때나 금정산 범어사에 두 사람의 많은 추억이 어려 있었다. 하루는 해질녘에 범어사 저녁 예불에 우연히 참석하게 되고 스님들의 장엄한 염불과 따스한 절의 분위기에 마음이 숙연해지고 자신의 부인에게 전화를 먼저 해서 다시 한 번 힘을 내서 잘 살아 나가 보자고 할 참이었다.

그날은 자기 부인도 남편 모르게 가정에 도움이 되고자 보험회사에 다녔는데, 친구에게 큰 보험 건을 해결하고 기분 좋게 운전을 하며 귀가하고 있었다. 남편과 한참 통화하다가 갑자기 귀를 찢는 굉음이 들리고 병원으로 달려갔으나 이미 차가운 주검으로 변해 있었다. 자신 때문에 죽었다고 자책하고 또 후회했지만 돌이킬 수가 없었다. 그 시간에 전화만 안 했어도 살 수 있었을 것인데, 지금껏 살아가며 따뜻한 말 한마디 못했는데 그리고 자신의 실직을 위로하는 부인에게 화를 내면서 나가버린 일까지 모든 게 후회스러웠다. 아내의 영정을 범어사에 모시고 49일 동안 재를 정성껏 모셨다. 딸은 고3이고 아들은 대학생인데 괴로움을 내색하지 않으려고 애썼다. 49일 동안은 매일 절에 모셔진 영정사진을 보면서 그나마 볼 수 있다는 생각에 위안을 받았는데, 오늘로 49재가 끝나면 더 이상 볼 수 없다는 생각에 회한이 넘친다. 금강경 독경이 끝나고 밖으로 나가 옷가지와 유품을 태우면 더 이상은 사랑하는 아내를 볼 수 없다. 사랑이란 어떤 것일까? 어느 친구가 하나의 사랑이 가면 또 다른 사랑이 찾아온다고 위로했는데, 남편에게는 다시는 새로운 사랑이 마음에 깃들 수 없을 것이라 생각하며 자신의 아내에게 금강경이 이 생의 마지막 작별인사라고 생각하고 정성껏 부인의 극락왕생을 위해서 금강경을 독송하면서 글이 끝난다.〉

부부간의 애절한 사랑이 몸에 느껴지는 소설이었다. 몇 년이 지났는데도 아직도 그 내용을 대체적으로 기억하고 있으니, 깊은 인상을 받았음에 틀림없다.

보고 싶은데 죽음이 부부의 연을 끊은 것이다. 이런 애틋한 사랑 이야기가 실제 우리 주위에 얼마나 많이 있는가!

부처님도 여래수량품에서 중생들에게 방편으로 죽음을 보임은 그들이 근기가 낮고 오욕에 깊이 집착하기 때문이라고 밝힌다. 부처님의 죽음을 보면 부처님 만나 뵙기 어렵다는 생각과 연모하는 생각이 일어나며 열심히 수행해서 지혜를 성취하기에 방편으로 열반을 보인 것이라 설한다. 열반과 죽음 앞에서 중생들은 좀 더 겸허해지고 수행할 생각을 가지게 된다는 것을 부처님께서는 통찰하신 것이다.

양의(良醫)의 비유

부처님께서 자신의 수명은 아승지겁이나 되고 상주불멸이라 설한다. 그리고 중생들에게 열반을 보인 것은 방편으로 중생을 제도하기 위함임을 밝힌다. 이것을 양의의 비유로 설명하고 있다. 그 내용을 간략히 보면 다음과 같다.

〈병을 잘 고치기로 소문난 의사가 있었다. 그에게 수십 명의 아들이 있었는데, 외국으로 출장간 사이에 독약을 마시고 땅에 뒹굴고 난리가 났다. 아버지가 집에 돌아와 그 광경을 보고 해독약을 지어서 자식에게 주었다. 독약 때문에 실성한 아이들은 그것을 먹으려 하지 않았고, 실성하지 않은 아이들은 그 약을 먹고 바로 병이 나았다. 아버지가 자식에게 아무리 약을 주어도 독약을 먹어 실성한 때문에 병을 고쳐 달라고는 하면서 약은 먹지 않았다. 그래서 아버지가 방편을 내어 자식에게 약을 먹이려 했다. "너희들에게 알린다. 내가 늙어 죽을 때가 되었구나. 이 좋은 약을 여기 놓아두고 멀리 떠나니 부디 먹어서 병을 고치기 바란다." 그리고 외국으로 가서 사람을 보내 "너희 아버지가 돌아가셨다."라고 자식들에게 알렸다. 자식들이 아버지의 부고를 듣고 비통해 했다. '아버지 계셨다면 우리를 불쌍히 여겨 잘 돌봐 주시련만 타국에서 돌

아가시니 이제 누구를 의지할 것인가?' 이렇게 슬퍼하던 중
에 마침내 정신이 들어 아버지가 놓고 간 약을 먹고 모두 병을
고치게 되었다. 아버지가 이 소식을 듣고 집으로 달려와 자식
들과 다시 만나게 된다.〉

　여기서 독약을 먹은 자식들은 삼독에 빠진 우리 중생들을 의미
하며, 유명한 의사는 부처님을 뜻한다. 죽었다고 말함은 중생들이
약을 먹어 독을 치유하기 위한 방편으로 말한 것이지 사실은 죽은
것이 아니다. 부처님도 이와 같아서 방편으로 중생들에게 열반을
보일 뿐 이 세상에 영원히 존재하시는 분이다.
　우리들이 확신을 가지고 열심히 공덕을 닦고 수행할 때 부처님
은 언제나 우리 곁에서 우리의 기도에 응하여 수행을 성취하도록
가피력을 내리실 것이다.

강의4 － 4강 경문

부처님의 눈에는 사바세계가 바로 극락정토

　이 부분은 앞의 내용을 운문으로 다시 한 번 설명하는 부분이다.
　내용은 부처님 수명은 무량하여 상주불멸한다는 것과 양의의 비
유가 간단하게 나온다. 그리고 그토록 오랜 세월 중생들 위해서 방

편을 나타내어 교화하고 모두 불도에 들게 한다. 중생들 눈에는 부처가 열반을 보이지만 실은 열반한 것이 아니며, 사바세계뿐만 아니라 다른 세계에도 신심 있는 중생들 있으면 그곳에서 설법함을 밝힌다.

중생들 눈에는 세상이 다하여 불이 세상을 태우는 것을 보지만 실제로는 부처님의 세계는 편안하고 하늘나라 사람들이 늘 가득하며, 천신들이 하늘 나라 북을 울리며 음악을 연주하며 부처님과 대중들 위해서 만다라화를 온 세상에 뿌린다. 중생들 눈에만 세상이 불타고 있는 것으로 보일 뿐, 이들은 악업인연으로 삼보의 이름조차 듣지 못했다. 그러나 공덕을 닦은 사람들은 부처님의 수명이 무량함을 듣고, 부처님이 이 세상에서 설법함도 보게 된다.

그리고 '부처님은 항상 어떻게 중생들을 교화하여 최상의 지혜를 얻게 할 것인가'를 생각하고 계시다는 게송으로 여래수량품이 끝나게 된다.

얼마 전 미국 나사 우주국에서 발표한 소식이 세상을 깜짝 놀라게 했다. 생명을 유지하는 필수 요소인 인 대신에 비소를 생명 에너지로 살아가는 슈퍼 미생물이 미국 캘리포니아주 요세미티 국립공원 모노호수에서 발견되었기 때문이다. 일반적으로 생명체는 비소와 같은 독극물을 기반으로 살아갈 수 없다고 알려졌는데, 이런 이론을 완전히 뒤바꾼 발견이다. 하기야 근세까지 태양이 지구를 돈다고 전 인류가 믿었고, 이에 반해서 지동설을 주장하던 갈

릴레이는 죽을 고비에서 자신의 신념을 버림으로써 겨우 형을 모면했다. 이번에 발견한 슈퍼 미생물은 생명의 범위를 대폭 확장시켰다. 산소가 없이도 생명이 살 수 있고, 수천도가 넘는 불덩이 속에서도 그것을 에너지원으로 해서 살 수 있는 생명체가 있을 수 있다는 가능성을 연 것이다. 독극물을 에너지원으로 해서도 살 수 있는 생명체가 있는데, 다른 생명체인들 존재하지 못할 이유가 없다.

운문 게송에서 부처님께서 '중생들이 세상이 다하여 불이 세계를 태우는 것을 보고 걱정하지만 부처의 눈으로 보면 세상은 오히려 편안하고 천인들이 가득하고 하늘에서 북이 울리고 음악이 연주되며 천신들이 만다라화를 부처님과 대중들에게 뿌린다.'는 구절이 나온다.

우리 중생들이 미혹의 눈으로 바라보는 세계와 부처님께서 지혜의 눈으로 보는 세계가 다름을 알 수 있다. 우리들이 알고 있는 우주에 대한 지식도 극히 미미하다.

현대 과학자들이 허블 우주 망원경으로 관측할 수 있는 별들은 불과 0.5%밖에 안 된다. 99.5%는 아직 미지의 세계이다. 이런 중생들을 제도하기 위해서 부처님께서 그 중생의 능력에 맞게 방편을 설하여 불도로 인도하고 있음을 밝힌다.

거의 모든 불교 고승들이 법화경의 방편품과 여래수량품을 중심축으로 해석했다. 여래수량품은 부처님 지혜의 세계를, 방편품은 중생을 방편으로 깨달음의 세계로 인도하는 부처님 자비행을 밝히고 있다.

4장 관세음보살 보문품

이 품은
범어로 Samanta - mukha - parivarto로
Samanta - mukha 보문(普門)으로 번역하였다.
즉 Nāmâvalokiteśvara-vikurvaṇa-nirdeśas로
Nāmo 는 귀의하다이며
avalokiteśvara는 관세음보살이며
īśvara는 자재하다는 의미이며
vikurvaṇa는 화현하다는 의미이며
nirdeśas는 가르침이란 의미이다.
곧 관세음보살이 자재하게 화현하는 가르침에
귀의하는 품이란 의미이다.

무진의보살이 부처님께 무슨 인연으로 이름이 관세음인지 묻는다. 이에 부처님은 한량없는 중생이 온갖 고뇌를 받을 때, 관세음보살이 계시다는 이야기를 듣고 지극한 마음으로 그의 이름을 부른다면 곧 그 음성을 듣고 그들 모두를 그 고뇌에서 벗어나게 하기 때문에 관세음이라 한다. 그리고 중생의 여러 가지 어려움과 중생의 소원에 따라 온갖 모습으로 몸을 나타내고 중생 구제하는 구체적인 이야기가 설해진다. 이렇게 관세음보살의 이름만 듣고 불러도 무량한 복덕과 이익을 얻을 수 있다. 그리고 다시 무진의보살이 부처님께 관세음보살이 어떻게 사바세계에 다니면서 중생에게 설법하며, 방편력으로 중생을 구제하는지 묻는다. 이에 33가지 모습으로 온갖 국토를 다니시며 중생의 위험과 고난을 구제하기 때문에 모두 관세음보살을 시무외자라 이름한다. 그리고 마지막으로 두루 몸을 나투는 관세음보살의 신통력을 들은 사람의 공덕이 적지 않음을 지지보살이 찬탄한다. 부처님께서 이 「관세음보살보문품」을 설할 때, 8만 4천 명의 대중이 모두 최상의 깨달음을 향해서 발심하면서 이 품이 끝난다.

묘법연화경관세음보살보문품 제이십오
妙法蓮華經觀世音菩薩普門品 第二十五

1

이시무진의보살즉종좌기 편단우견합장향불이작시언
爾時無盡意菩薩卽從座起 偏袒右肩合掌向佛而作是言

세존 관세음보살 이하인연명관세음 불고무진의보살
世尊 觀世音菩薩 以何因緣名觀世音 佛告無盡意菩薩

선남자약유무량백천만억중생수제고뇌 문시관세음보
善男子若有無量百千萬億眾生受諸苦惱 聞是觀世音菩

살 일심칭명 관세음보살즉시관기음성개득해탈
薩 一心稱名 觀世音菩薩卽時觀其音聲皆得解脫

2

약유지시관세음보살명자 설입대화화불능소 유시보살
若有持是觀世音菩薩名者 設入大火火不能燒 由是菩薩

위신력고 약위대수소표 칭기명호즉득천처 약유백천
威神力故 若爲大水所漂 稱其名號卽得淺處 若有百千

만억중생 위구금은유리자거마노산호호박진주등보 입
萬億眾生 爲求金銀琉璃車渠瑪瑙珊瑚琥珀眞珠等寶 入

어대해 가사흑풍취기선방 표타나찰귀국 기중약유내
於大海 假使黑風吹其船舫 飄墮羅刹鬼國 其中若有乃

지일인 칭관세음보살명자 시제인등 개득해탈나찰지
至一人 稱觀世音菩薩名者 是諸人等 皆得解脫羅刹之

난 이시인연명관세음 약부유인 임당피해 칭관세음
難 以是因緣名觀世音 若復有人 臨當被害 稱觀世音

菩薩名者　彼所執刀杖　尋段段壞　而得解脫　若三千大

千國土滿中夜叉羅刹　欲來惱人　聞其稱觀世音菩薩名者

是諸惡鬼　尚不能以惡眼視之　況復加害　設復有人　若

有罪若無罪　杻械枷鎖檢繫其身　稱觀世音菩薩名者　皆

悉斷壞即得解脫

3

若三千大千國土滿中怨賊　有一商主將諸商人　齎持重寶

經過嶮路　其中一人作是唱言　諸善男子勿得恐怖　汝等

應當一心稱觀世音菩薩名號　是菩薩能以無畏施於衆生

汝等　若稱名者　於此怨賊當得解脫　衆商人聞俱發聲言

南無觀世音菩薩　稱其名故即得解脫　無盡意　觀世音菩

薩摩訶薩　威神之力巍巍如是

한문 경문

1

약유중생다어음욕　　상념공경관세음보살　　변득이욕　　약
若有眾生多於婬欲　常念恭敬觀世音菩薩　便得離欲　若

다진에　　상념공경관세음보살　　변득이진　약다우치　　상
多瞋恚　常念恭敬觀世音菩薩　便得離瞋　若多愚癡　常

념공경관세음보살　　변득이치　무진의　　관세음보살　　유
念恭敬觀世音菩薩　便得離癡　無盡意　觀世音菩薩　有

여시등대위신력다소요익　　시고중생상응심념
如是等大威神力多所饒益　是故眾生常應心念

2

약유여인설욕구남　　예배공양관세음보살　　변생복덕지혜
若有女人設欲求男　禮拜供養觀世音菩薩　便生福德智慧

지남　설욕구녀　　변생단정유상지녀　　숙식덕본중인애경
之男　設欲求女　便生端正有相之女　宿殖德本眾人愛敬

무진의　　관세음보살　　유여시력　약유중생　　공경예배관세
無盡意　觀世音菩薩　有如是力　若有眾生　恭敬禮拜觀世

음보살　　복부당손　시고중생　　개응수지관세음보살명호
音菩薩　福不唐捐　是故眾生　皆應受持觀世音菩薩名號

3

무진의　　약유인수지육십이억항하사보살명자　　부진형공
無盡意　若有人受持六十二億恒河沙菩薩名字　復盡形供

양음식의복와구의약　　어여의운하　　시선남자선여인공덕
養飲食衣服臥具醫藥　於汝意云何　是善男子善女人功德

다부　　무진의언　심다세존　　불언　약부유인수지관세음
多不　無盡意言　甚多世尊　佛言　若復有人受持觀世音

보살명호　내지일시예배공양　시이인복정등무이　어백
菩薩名號　乃至一時禮拜供養　是二人福正等無異　於百

천만억겁불가궁진　무진의　수지관세음보살명호　득여
千萬億劫不可窮盡　無盡意　受持觀世音菩薩名號　得如

시무량무변복덕지리
是無量無邊福德之利

3강

한문 경문

1

무진의보살백불언　세존　관세음보살　운하유차사바세
無盡意菩薩白佛言　世尊　觀世音菩薩　云何遊此娑婆世

계　운하이위중생설법　방편지력　기사운하　불고무진
界　云何而爲衆生說法　方便之力　其事云何　佛告無盡

의보살　선남자　약유국토중생응이불신득도자　관세음
意菩薩　善男子　若有國土衆生應以佛身得度者　觀世音

보살　즉현불신이위설법　응이벽지불신득도자　즉현벽
菩薩　即現佛身而爲說法　應以辟支佛身得度者　即現辟

지불신이위설법　응이성문신득도자　즉현성문신이위설
支佛身而爲說法　應以聲聞身得度者　即現聲聞身而爲說

법　응이범왕신득도자　즉현범왕신이위설법　응이제석
法　應以梵王身得度者　即現梵王身而爲說法　應以帝釋

신득도자　즉현제석신이위설법　응이자재천신득도자
身得度者　即現帝釋身而爲說法　應以自在天身得度者

즉현자재천신이위설법　응이대자재천신득도자　즉현대
即現自在天身而爲說法　應以大自在天身得度者　即現大

자재천신이위설법　응이천대장군신득도자　즉현천대장
自在天身而爲說法　應以天大將軍身得度者　即現天大將

군신이위설법　응이비사문신득도자　즉현비사문신이위
軍身而爲說法　應以毘沙門身得度者　即現毘沙門身而爲

설법　응이소왕신득도자　즉현소왕신이위설법　응이장
說法　應以小王身得度者　即現小王身而爲說法　應以長

자신득도자　즉현장자신이위설법　응이거사신득도자
者身得度者　即現長者身而爲說法　應以居士身得度者

즉현거사신이위설법　응이재관신득도자　즉현재관신이
即現居士身而爲說法　應以宰官身得度者　即現宰官身而

위설법　응이바라문신득도자　즉현바라문신이위설법
爲說法　應以婆羅門身得度者　即現婆羅門身而爲說法

응이비구비구니우바새우바이신득도자　즉현비구비구
應以比丘比丘尼優婆塞優婆夷身得度者　即現比丘比丘

니우바새우바이신이위설법　응이장자거사재관바라문
尼優婆塞優婆夷身而爲說法　應以長者居士宰官婆羅門

부녀신득도자　즉현부녀신이위설법　응이동남동녀신득
婦女身得度者　即現婦女身而爲說法　應以童男童女身得

도자　즉현동남동녀신이위설법　응이천룡야차건달바아
度者　即現童男童女身而爲說法　應以天龍夜叉乾闥婆阿

수라가루라긴나라마후라가인비인등신득도자　즉개현
修羅迦樓羅緊那羅摩睺羅伽人非人等身得度者　即皆現

지이위설법　응이집금강신득도자　즉현집금강신이위설
之而爲說法　應以執金剛身得度者　即現執金剛身而爲說

법
法

2

무진의　시관세음보살　성취여시공덕　이종종형유제국
無盡意　是觀世音菩薩　成就如是功德　以種種形遊諸國

토도탈중생　시고여등　응당일심공양관세음보살　시관
土度脫眾生　是故汝等　應當一心供養觀世音菩薩　是觀

세음보살마하살　어포외급난지중능시무외　시고차사바
世音菩薩摩訶薩　於怖畏急難之中能施無畏　是故此娑婆

세계　개호지위시무외자　무진의보살백불언　세존　아
世界　皆號之爲施無畏者　無盡意菩薩白佛言　世尊　我

금당공양관세음보살　즉해경중보주영락　가직백천량금
今當供養觀世音菩薩　卽解頸眾寶珠瓔珞　價直百千兩金

이이여지　작시언　인자　수차법시진보영락
而以與之　作是言　仁者　受此法施珍寶瓔珞

3

시관세음보살불긍수지　무진의부백관세음보살언　인자
時觀世音菩薩不肯受之　無盡意復白觀世音菩薩言　仁者

민아등고　수차영락　이시불고관세음보살　당민차무진
愍我等故　受此瓔珞　爾時佛告觀世音菩薩　當愍此無盡

의보살급사중천룡야차건달바아수라가루라긴나라마후
意菩薩及四眾天龍夜叉乾闥婆阿修羅迦樓羅緊那羅摩睺

라가인비인등고　수시영락　즉시관세음보살민제사중급
羅伽人非人等故　受是瓔珞　卽時觀世音菩薩愍諸四眾及

어천룡인비인등　수기영락　분작이분　일분봉석가모니
於天龍人非人等　受其瓔珞　分作二分　一分奉釋迦牟尼

불　일분봉다보불탑　무진의　관세음보살　유여시자재
佛　一分奉多寶佛塔　無盡意　觀世音菩薩　有如是自在

신력　유어사바세계　이시무진의보살　이게문왈
神力　遊於娑婆世界　爾時無盡意菩薩　以偈問曰

한문 경문

1

| 世_세尊_존妙_묘相_상具_구 | 我_아今_금重_중問_문彼_피 | 佛_불子_자何_하因_인緣_연 | 名_명爲_위觀_관世_세音_음 |

세존묘상구　　아금중문피　　불자하인연　　명위관세음
世尊妙相具　　我今重問彼　　佛子何因緣　　名爲觀世音

구족묘상존　　게답무진의　　여청관음행　　선응제방소
具足妙相尊　　偈答無盡意　　汝聽觀音行　　善應諸方所

홍서심여해　　역겁불사의　　시다천억불　　발대청정원
弘誓深如海　　歷劫不思議　　侍多千億佛　　發大淸淨願

아위여약설　　문명급견신　　심념불공과　　능멸제유고
我爲汝略說　　聞名及見身　　心念不空過　　能滅諸有苦

가사흥해의　　퇴락대화갱　　염피관음력　　화갱변성지
假使興害意　　推落大火坑　　念彼觀音力　　火坑變成池

혹표류거해　　용어제귀난　　염피관음력　　파랑불능몰
或漂流巨海　　龍魚諸鬼難　　念彼觀音力　　波浪不能沒

혹재수미봉　　위인소퇴타　　염피관음력　　여일허공주
或在須彌峰　　爲人所推墮　　念彼觀音力　　如日虛空住

혹피악인축　　타락금강산　　염피관음력　　불능손일모
或被惡人逐　　墮落金剛山　　念彼觀音力　　不能損一毛

혹치원적요　　각집도가해　　염피관음력　　함즉기자심
或值怨賊繞　　各執刀加害　　念彼觀音力　　咸卽起慈心

혹조왕난고　　임형욕수종　　염피관음력　　도심단단괴
或遭王難苦　　臨刑欲壽終　　念彼觀音力　　刀尋段段壞

2

혹수금가쇄　　수족피추계　　염피관음력　　석연득해탈
或囚禁枷鎖　　手足被杻械　　念彼觀音力　　釋然得解脫

주저제독약　　소욕해신자　　염피관음력　　환착어본인
呪詛諸毒藥　　所欲害身者　　念彼觀音力　　還著於本人

혹 우 악 나 찰　독 룡 제 귀 등　염 피 관 음 력　시 실 불 감 해
或遇惡羅刹　毒龍諸鬼等　念彼觀音力　時悉不敢害
약 악 수 위 요　이 아 조 가 포　염 피 관 음 력　질 주 무 변 방
若惡獸圍遶　利牙爪可怖　念彼觀音力　疾走無邊方

완 사 급 복 헐　기 독 연 화 연　염 피 관 음 력　심 성 자 회 거
蚖蛇及蝮蠍　氣毒煙火燃　念彼觀音力　尋聲自迴去
운 뢰 고 체 전　강 박 주 대 우　염 피 관 음 력　응 시 득 소 산
雲雷鼓掣電　降雹澍大雨　念彼觀音力　應時得消散
중 생 피 곤 액　무 량 고 핍 신　관 음 묘 지 력　능 구 세 간 고
衆生被困厄　無量苦逼身　觀音妙智力　能救世間苦
구 족 신 통 력　광 수 지 방 편　시 방 제 국 토　무 찰 불 현 신
具足神通力　廣修智方便　十方諸國土　無刹不現身
종 종 제 악 취　지 옥 귀 축 생　생 노 병 사 고　이 점 실 령 멸
種種諸惡趣　地獄鬼畜生　生老病死苦　以漸悉令滅

3

진 관 청 정 관　광 대 지 혜 관　비 관 급 자 관　상 원 상 첨 앙
眞觀淸淨觀　廣大智慧觀　悲觀及慈觀　常願常瞻仰
무 구 청 정 광　혜 일 파 제 암　능 복 재 풍 화　보 명 조 세 간
無垢淸淨光　慧日破諸闇　能伏災風火　普明照世間
비 체 계 뇌 진　자 의 묘 대 운　주 감 로 법 우　멸 제 번 뇌 염
悲體戒雷震　慈意妙大雲　澍甘露法雨　滅除煩惱焰

쟁 송 경 관 처　포 외 군 진 중　염 피 관 음 력　중 원 실 퇴 산
諍訟經官處　怖畏軍陣中　念彼觀音力　衆怨悉退散
묘 음 관 세 음　범 음 해 조 음　승 피 세 간 음　시 고 수 상 념
妙音觀世音　梵音海潮音　勝彼世間音　是故須常念

念念勿生疑 觀世音淨聖 於苦惱死厄 能爲作依怙

具一切功德 慈眼視衆生 福聚海無量 是故應頂禮

爾時持地菩薩卽從座起 前白佛言 世尊 若有衆生 聞

是觀世音菩薩品自在之業普門示現神通力者 當知是人

功德不少 佛說是普門品時 衆中八萬四千衆生 皆發無

等等阿耨多羅三藐三菩提心

1강

한글 경문

1

그 때 무진의보살이 곧 자리에서 일어나 한쪽 어깨를 드러내고, 부처님께 합장하고 이렇게 여쭙기를 "세존이시여, 관세음보살은 어떤 인연으로 이름을 관세음이라 하나이까?" 하니, 부처님께서 무진의보살에게 대답하셨다. "선남자여 만약 무량백천만억 중생이 있어 고통과 번뇌를 받을 때 이 관세음보살의 이름을 듣고, 간절한 마음으로 그 이름을 부른다면 관세음보살이 즉시 그 음성을 알아보시고, 모든 괴로움을 없애 주시느니라."

2

만약 이 관세음보살의 이름을 지니고 설령 큰 불속에 들어가더라도 불이 그 사람을 태우지 못하나니, 관세음보살의 위신력 때문이며, 만약 큰 물에 떠내려가도, 그 명호를 부르면 곧 얕은 곳에 도달하게 되느니라. 만약 백천만억 중생들 있어 금은 유리 자거 마노 산호 호박 진주 등 보물을 구하기 위해서 큰 바다에 들어갔는데, 설령 흑풍이 불어 그 배가 표류하다가 나찰국토에 떨어지게 되더라도 그 속에서 한 사람이라도 관세음보살의 이름을 부른다면 이 사람들 모두 나찰의 난에서 벗어나게 되리라. 이런 까닭으로 이름을 관세음보살이라 하느니라. 또한 만약 어떤 사람이 피해를 당하려 할 때 관세음보살의 이름을 부르게 되면 잡은 칼과 몽둥이가 조각조각 부서져 그 피해에서 벗어나게 되리라. 만약 삼천대천 국토에 가득한 야차와 나찰들 와서 사람들을 괴롭히려 할 때 관세음보살의 이름을 부르는 것을 듣게 되면 오히려 악한 눈으로 그 사람을 보지도 못하는데 하물며 해를 가하겠는가? 다시 설령 어떤 사람 죄가 있든 없든 수갑과 형틀, 칼과 족쇄 그 몸을 결박하고 있는데, 관세음보살의 이름을 부른다면 모두 다 끊어지고 부서져서 벗어나게 되느니라.

3

만약 삼천대천세계에 원수와 적들 가득한데 상주가 있어 상인들 거느리고 여러 가지 보물을 가지고 험한 길을 지나가려 할 때 그 속에 한 사람 있어 말하되 "선남자들이여 두려워 말라 그대들은 응당 일심으로 관세음보살의 명호를 부르라. 이 보살님은 두려움 없음을 중생들에게 보시하나니, 그대들이 만약 이름을 부른다면 이 원수와 적들 속에서 벗어나리라." 하자 상인들이 그 소리를 듣고 모두 "나무관세음보살" 하고 관세음보살의 이름을 부르기 때문에 곧 해탈을 얻느니라. 무진의여, 관세음보살마하살의 위신력이 이와 같이 뛰어나고 위대하느니라.

2강
한글 경문

1

만약 중생들 음욕이 많아도 항상 관세음보살을 염하고 공경하면 곧 음욕이 사라지느니라. 만약 화를 잘 내더라도 항상 관세음보살을 염하고 공경하면 곧 화내는 마음이 사라지느니라. 만약 어리석음이 많더라도 항상 관세음보살을 염하고 공경하면 곧 어리석음이 사라지느니라. 무진의여, 관세음보살은 이와 같은 대위신력이 있어 중생들에게 이익을 많이 주기 때문에 중생들은 항상 마음으로 관세음보살을 염해야 하느니라.

2

만약 어떤 여인이 아들을 얻기 위해서 관세음보살에게 예배하고 공양한다면 곧 복덕과 지혜를 가진 아들을 낳게 될 것이며, 설령 딸을 원한다면 곧 단정하고 아름다운 딸을 낳게 될 것이니 과거세에 공덕의 씨앗을 뿌린 인연으로 대중이 모두 사랑하고 공경하게 되리라. 무진의여, 관세음보살은 이와 같은 신통력이 있느니라. 만약 중생들 있어 관세음보살께 예배 공경한다면 그 복은 헛되이 사라지지 않느니라. 이런 까닭에 중생들은 모두 응당 관세음보살의 명호를 수지해야 하느니라.

3

무진의여, 만약 어떤 사람 있어 62억 항하사 보살의 이름을 수지하고 다시 목숨이 다하도록 음식과 의복과 침구와 의약을 공양한다면, 그대는 어떻게 생각하는가? 이 선남자 선녀인의 공덕이 많겠는가? 그렇지 않겠는가? 무진의보살이 대답하되 "매우 많습니다. 세존이시여!" 부처님께서 말씀하시되, "만약 또 어떤 사람이 있어 관세음보살의 명호를 지니되 잠시라도 예배 공양한다면 이 두 사람의 복이 똑같아 조금도 차이가 없나니, 백천만억겁 동안 가히 다함이 없느니라. 무진의여, 관세음보살의 명호를 수지하면 이와 같은 무량무변 복덕의 이익을 얻게 되느니라."

176

1

무진의보살이 부처님께 여쭈었다. "세존이시여, 관세음보살은 어떻게 사바세계를 다니며, 어떻게 중생에게 설법하며, 방편력으로 중생 구제하는 일은 어떠하나이까?" 부처님께서 무진의보살에게 말씀하셨다. "선남자여, 만약 국토에 중생이 있어 부처님의 몸으로 제도할 중생은 관세음보살이 곧 부처님의 몸을 나타내어 설법하며, 벽지불의 몸으로 제도할 중생에게는 벽지불의 몸을 나타내어 설법하며, 성문의 몸으로 제도할 중생에게는 곧 성문의 몸을 나타내어 설법하며, 범천왕의 몸으로 제도할 중생에게는 곧 범천왕의 몸을 나타내어 설법하며 제석천의 몸으로 제도할 사람은 곧 제석천의 몸을 나타내어 설법하며, 자재천신의 몸으로 제도할 사람은 곧 자재천신의 몸을 나타내어 설법하며, 대자재천신으로 제도할 사람은 곧 대자재천신의 몸을 나타내어 설법하며, 천대장군의 몸으로 제도할 사람은 곧 천대장군의 몸을 나타내어 설법하며, 비사문의 몸으로 제도할 사람에게는 곧 비사문의 몸을 나타내어 설법하며, 소왕(小王)의 몸으로 제도할 사람은 곧 소왕의 몸을 나타내어 설법하며, 장자의 몸으로 제도할 사람은 곧 장자의 몸을 나타내어 설법하며, 거사의 몸으로 제도할 사람은 곧 거사의 몸을 나타내어 설법하며, 재상의 몸으로 제도할 사람들은 재상의 몸을 나

법화경의 네 가지 보석

타내어 설법하며, 바라문의 몸으로 제도할 사람은 곧 바라문의 몸을 나타내어 설법하며, 비구 비구니 우바새 우바이의 몸으로 제도할 사람은 비구 비구니 우바새 우바이의 몸을 나타내어 설법하며, 장자 거사 관리 바라문 부인의 몸으로 제도할 사람에게는 그 부인의 몸을 나타내어 설법하며, 소년 소녀의 몸으로 제도할 사람에게는 곧 소년 소녀의 몸을 나타내어 설법하며, 천룡 야차 건달바 아수라 가루라 긴나라 마후라가 인비인 등의 몸으로 제도할 사람에게는 곧 모두 그 모습을 나타내어 설법하며, 집금강신의 몸으로 제도할 사람에게는 집금강신의 몸을 나타내어 설법하느니라.”

2

"무진의여, 이 관세음보살은 이와 같은 공덕을 성취하여 온갖 모습으로 모든 국토를 다니면서 중생을 제도하느니라. 이런 까닭으로 그대들이 응당 일심으로 관세음보살에게 공양해야 하느니라. 이 관세음보살마하살이 공포와 두려움의 급박한 액난 속에서 능히 그 두려움을 없애 주시나니, 그런 까닭에 이 사바 세계에서 모두 그 이름을 두려움을 없애 주시는 분(無畏施者)이라 하느니라.”
무진의보살이 세존께 여쭙되, "세존이시여 저는 지금 응당 관세음보살님께 공양을 올리겠나이다.” 하고는 목에 건 여러 보배구슬로 된 영락 목걸이, 그 가치가 백천량금이나 되는데 그것을 풀어 공양 올리면서 말하되, "인자(仁者)시여, 이 법으로 보시하는 진주보배 영락 목걸이를 받으소서!”

178

3

이때 관세음보살이 그것을 받으려 하지 않으시니, 무진의보살이 다시 관세음보살님께 여쭙되, "인자이시여, 저희들을 불쌍히 여겨 이 영락을 받으소서." 이때 부처님께서 관세음보살에게 말씀하시되, "마땅히 이 무진의보살과 사부대중과 천룡 야차 건달바 아수라 가루라 긴나라 마후라가 인비인 등을 불쌍히 여겨 이 영락을 받으시오!" 하니 즉시 관세음보살이 사부대중과 천룡 인비인 등을 불쌍히 여겨 그 영락을 받아 두 개로 나누되, 하나는 석가모니부처님께 올리고, 하나는 다보부처님께 올렸느니라. 무진의여, 관세음보살은 이와 같은 자재한 신통력이 있어 사바세계를 다니시느니라.

이때 무진의보살이 게를 설해 여쭈었다.

1

묘상 갖춘 세존이시여
제가 지금 거듭 여쭙나니 저 불자
어떤 인연으로 이름이 관세음입니까?
묘상 갖춘 세존께서 무진의에게
답하시되 그대는 모든 곳에 잘
응현하는 관음보살의 보살행을 들으라.
넓은 서원 바다와 같아서
수많은 겁(劫) 동안 헤아릴 수 없고
천억 부처님보다 많은 분들 모시고
큰 청정원을 세웠느니라.
내가 그대들 위해서 간략히 설하자면
부처님 명호 듣고 불신 친견하며
마음으로 염했기에 헛되이 지나가지
않고 능히 모든 고통 멸하느니라.

설령 해치고자 하는 마음을 내어
큰 불구덩이에 밀어 떨어뜨려도
저 관세음보살의 위신력을 염하는

까닭에 불구덩이 연못으로 변하며
혹시 큰 바다에 표류하다가
용과 고기 귀신의 난을 만나도
저 관세음보살의 위신력을 생각하는
까닭에 파도가 삼키지 못하며
혹시 수미산 봉우리에서 어떤 사람이
밀어 떨어뜨려도 저 관세음의 위신력을
생각하는 까닭에 마치 태양이 허공에
머무는 것과 같으며 혹시 악인에 쫓겨
금강산에 떨어져도 저 관세음의 위신력을
염하는 까닭에 털끝 하나도 다치지 않으며
혹은 원수나 적들에게 둘러싸여
각기 칼을 들고 위해를 가하여도
관세음의 위신력을 염하는 까닭에
그들 모두가 곧 자비심을 일으키며
혹시 왕난(王難)의 고통을 당하여
형을 받아서 목숨이 사라질 위기라도
저 관세음보살의 위신력을 염하는
까닭에 칼이 조각 조각 부서지느니라.

2

혹시 옥에 갇혀 칼과 족쇄에 수족이

형틀에 묶여 있어도 저 관세음의
위신력을 염하는 까닭에 석방되어
풀려나게 되느니라.
저주나 독약으로 해치려 하는 자가
있다면 저 관세음의 위신력을
염하는 까닭에 본인에게
그 해악이 돌아가느니라.
혹시 악한 나찰이나 독룡 귀신 등을
만난다면 저 관세음 위신력을 염하는
까닭에 이때 모두 감히 해치지 못하며
나쁜 맹수에 둘러싸여 날카로운
이빨과 발톱 두렵지만 저 관세음
위신력을 염하는 까닭에 멀리 도망치며

살모사와 전갈 독기를 불같이 뿜어도
저 관세음의 위신력을 염하는 까닭에
소리 듣고 스스로 돌아가며
구름 속에서 뇌성 일고 번개 치며,
우박과 큰 비가 내리더라도 저 관세음의
위신력을 염하는 까닭에 때맞추어 사라지며
중생들 곤란과 액난을 당하여 무량한
고통 몸을 핍박하여도 관세음보살의

신비한 지혜의 힘이 능히 세상의
괴로움을 구제해 주느니라.
신통력을 구족하며 널리 지혜의
방편을 닦아 시방의 모든 국토에
몸을 나투지 않는 곳 없으시네.
온갖 악도인 지옥과 아귀와 축생의
생로병사 고통 점차 모두 다
멸하게 하느니라.

3

진관 청정관 광대지혜관 비관 자관을
항상 원하고 항상 우러러보며
티 없이 청정한 빛인 지혜의 태양
모든 어둠을 파하며 능히 바람과 불의
재앙을 조복시키며 두루 세간을
밝게 비추네. 자비의 핵심인 계(戒)는
우레같이 진동하며, 자비스런 마음은
뛰어나 큰 구름이 되어 감로법우를 내려
번뇌의 불꽃을 없애주느니라.

소송하는 관청이나 두려운 군부대
속에서라도 저 관세음을 염하는

까닭에 여러 원수들 모두
물러가느니라.
묘음 관세음 범음 해조음이
저 세간의 소리보다 뛰어나느니,
그래서 모름지기 늘 생각하되
생각 생각에 의심을 품지 말라.
청정하고 성스러운 관세음보살
고뇌와 죽음의 액난 당하여 능히
의지할 분이 되느니라.
일체의 공덕을 갖추었으며
자비의 눈으로 중생들 살피시며
복의 무더기 바다와 같이 무량하니
이런 까닭으로 응당 머리 숙여
예배해야 하느니라.

이때 지지보살이 곧 자리에서 일어나 앞으로 나아가서 부처님께
말씀드렸다. "세존이시여, 만약 어떤 중생이 있어 이 관세음보살
품의 자재한 행동인 두루 몸을 나투시는(普門示現) 신통력을 듣는
다면 마땅히 이 사람의 공덕이 무량하다는 것을 알아야 하나이
다." 이때 부처님께서 관세음보살보문품을 설하시니, 8만 4천의
대중이 모두 아뇩다라삼먁삼보리심을 발하였느니라.

중생사의 관세음보살 영험담

무진의보살이 세존께 관세음보살의 이름이 무슨 까닭으로 붙여진 것이냐고 묻자 "중생들이 온갖 고통을 받을 때 일심으로 관세음보살을 부르면 곧 그 음성을 듣고 나타나 그 고통을 구제하기 때문에 관세음이라 한다."라고 대답한다. 그리고 중생들이 겪게 되는 여러 가지 고통들이 설해진다. 곧 관세음보살은 중생들에게 '현세의 이익'을 주시는 부처님이다.

최호 교수님이 번역한 삼국유사 제3권 탑상(塔像)에 보면 경주 중생사의 관세음보살의 영험담에 대한 이야기가 나온다. 그 내용을 정리하면 다음과 같다.

〈중국에서 그림을 잘 그리는 화공이 있었는데, 그가 장승요로 알려져 있고 중국 천자가 총애하는 궁녀의 그림을 그리게 한다. 그림을 다 그렸는데 그만 실수로 붓을 떨어뜨려 그 여인의 배꼽 밑에 붉은 점이 찍혔고 그것을 지우려고 아무리 노력하여도 결국 허사였고 하늘의 뜻이라 생각하고 그 그림을 황제에게 올린다. 황제는 처음에 그림이 너무도 비슷하여 칭찬했지만 자세히 보니 배꼽 밑에 붉은 점이 있는 것을 보고는 화공을 의심하고 그를 옥에 가두고 형벌을 내리려 한다. 이에 주위에서 상소하여 화공이 성품이 곧고 착하다며 방면할 것을 청한다. 황제는 자신이 어젯밤 꾼 꿈을 그린다면 용서해 주겠다고 말한다. 그 화공이 11면 관음상을 그려 바치자 꿈의 내용과 일치한다 하여 그를 풀어준다. 그는 감옥에서 나오자마자 박사 분절과 약속하기를 "신라에서는 불교를 존경해 믿는다고 하니, 그대와 배를 타고 바다를 건너 그곳에 가 함께 불사를 닦아 동방을 널리 이롭게 하자"라고 하였다. 그리고 함께 신라국에 와서 중생사의 관세음보살상을 조성하였다. 나라 사람들이 우러러 모시며 기도해 복을 얻음이 이루 기록할 수 없을 정도였다.

영험담 1

신라 말 최은함이 오래도록 자식이 없자 중생사의 관음상(대비상) 앞에 와 기도하여 임신해 아들을 얻었는데, 석 달도 채

못 되어 후백제의 견훤이 서울을 습격해 오자 아들을 안고 부처님 앞에 와서 "관세음보살님께서 점지해 주신 아이니 원컨대 돌보아 주시어 다시 상봉하게 해 주소서!"하며 세 번을 울며 고하고 포대기에 싸서 사자좌 아래에 숨기고 망설이다가 떠나갔다. 반 달이 지나 적이 물러가자 와서 찾아보니, 아이의 피부가 갓 목욕을 시킨 것과 같고 얼굴도 더 좋아졌으며 입에서 아직도 젖냄새가 났으므로 안고 돌아와 길렀다. 이 아이가 나중에 장년이 되었는데 총명함이 남들보다 훨씬 뛰어났고 높은 벼슬에도 오른 바로 최승로였다.

영험담 2

중생사 주지스님 성태가 보살 앞에 끓어앉아 말하기를 "제가 이 절에 와서 살면서 향화를 부지런히 올려 밤낮없이 게으르지 않았습니다. 그러나 절에 전답의 소출이 없어 제사를 이을 수 없기에 장차 다른 곳으로 떠나려 합니다."하였다. 이날 밤 꿈속에 관세음보살님이 나타나 말하기를 "법사는 이곳에 머물면서 멀리 떠나지 말라. 내가 시주를 받아 제사 지낼 비용을 충당시키겠다."하므로 기뻐하다가 깨어 그대로 머물렀다. 그 후 13일이 지났을 때 갑자기 두 사람이 마소에 짐을 싣고 문전에 도착하므로, 스님이 나가서 어디서 왔느냐고 물으니 "우리들은 금주 근방에 사는데 지난번 한 비구가 우리에

게 와서 말하기를 「나는 경주 중생사에 머무른 지 오래되었
는데 모든 것이 곤란하여 시주를 받고자 왔다.」 하므로 이웃
마을에서 시주를 거두어 쌀 6석과 소금 4석을 얻어 싣고 왔
습니다." 하였다. 스님이 말하기를 이 절에서 시주를 받으러
나간 사람이 없으니 혹시 잘못 온 것이 아닌가? 묻는다. 그러
자 얼마 전까지 이 근처 우물가까지 우리를 인솔해 왔노라 말
한다. 법당으로 데리고 가자 그들이 관세음보살님을 우러러
보면서 이분이 우리를 인솔한 바로 그 비구라고 말한다. 이 소
문이 온 마을에 퍼지고 이로 인해서 쌀과 소금이 해마다 끊이
지 않았다.〉

　위의 이야기는 중생사에 대한 일부 이야기다. 삼국유사에는 관
세음보살의 영험담에 대한 이야기가 여러 곳에 등장한다. 특히 법
화영험담에는 중국과 한국에서 관세음보살에게 가피를 받은 이야
기가 책 전부를 구성하고 있다.
　몸 아픈 중생들에게는 병을 고쳐주고, 재물이 없는 박복한 중생
들에게는 재물보시를 하며, 시험자에게는 시험에 합격하게 하며
재판에 휘말려 있는 사람들에게는 송사에서 벗어나게 하며 사업
을 하는 중생들에게는 사업이 번창하게 하는 등 관세음보살이 우
리 중생에게 이익을 주는 것이 이루 헤아릴 수 없다. 내가 가장 절
박할 때 일심으로 관세음보살의 이름을 부르면 그 소리를 알아보
고 그 고통을 해결해 주신다고 했으니, 우리의 간절한 마음에 관

세음보살이 응답을 하는 것이다. 우리를 도와주는 사람들이 바로 관세음보살이며 내 스스로가 누군가에게 꼭 필요한 도움을 준다면 그 순간 나 자신도 바로 그 사람에게 관세음보살의 화현으로 나타나는 것이다.

불교가 절대적 신을 믿는 종교와 다른 것은 우리 스스로가 절대자가 될 수 있다는 것이다.

관세음보살을 열심히 염하다가 보면 어느 순간 부처님의 가피가 내려지기도 하지만 나 자신이 바로 누군가에게 관세음보살이 될 수 있는 것이다.

공든 탑이 무너지겠는가!

만약 어떤 사람이 관세음보살의 명호를 일심으로 부르면 무량한 복덕의 이익을 얻게 된다고 설한다. 탐진치 삼독을 여의게 되고, 아들과 딸을 원하면 훌륭한 자식을 얻게 되고 그 얻는 공덕은 말로 다할 수 없다고 설한다. 위의 중생사 최승로의 이야기나 불국사와 석굴암의 창건 연기에 나오는 김대성의 이야기에서도 알 수 있듯이 모두 부처님께 지극한 마음으로 보시하고 기도하여 공덕의 씨앗을 뿌렸기 때문에 귀한 아들로 태어나고 세속의 부귀영화를 누리게 된 것이다. 이 세상에 공짜로 얻어지는 게 어디에 있겠는가? 뿌린 대로 거두고 콩 심은 데 콩 나고 팥 심은 데 팥 나는 것이 세상의 이치 아니겠는가!

어찌 공든 탑이 무너지겠는가!

지금 이 순간 나에게 다가온 관세음보살님

　무진의보살이 부처님께 여쭙는다. 관세음보살은 사바세계에서 중생들을 어떻게 제도하는지를. 그러자 33응신으로 중생들이 필요로 하는 다양한 모습으로 중생들에게 다가와 그들의 고통을 해결하신다고 설한다. 그래서 붙여진 이름이 보문시현(普門示現)이다. 때로는 부처님으로 때로는 국왕으로 때로는 재벌로 때로는 국가 관리로 때로는 소년이나 소녀 등 온갖 종류의 모습으로 나타나 우리들의 간절한 기도 소리에 응해 주는 분이라고 설한다.

　출가한 지 25년 동안 어려운 일이 있을 때마다 기도를 통해서 부처님께 가피를 받고자 노력했다. 갓 출가하여 염불이 너무 안 될 때 100일 염불 기도를 해서 성취했고, 몸이 많이 아파서 여수 향일암에서 10만 배 절기도 하면서 부처님께 가피를 받았고, 미국에 유학을 떠날 때 너무도 악조건이었는데, 봉정암에 35번을 올라가 기도하면서 그 난관을 극복하고 가피를 받았다. 그리고 북한산 승가사에 38번 오르면서 약사전과 마애불에 기도하면서 그 기도를 성취하였다. 봉은사에 14개월 가까이 살면서 거의 매일 새벽에 다라니기도를 했는데 1만 5천 독을 했다. 그렇게 많이 한 것은 아니지만 꾸준히 조금씩 거의 쉬지 않고 했다. 물론 지금도 매일 다라니 기도 쉬지 않고 하고 있다. 일생에 1000만 독을 목표로 하고 있다. 물론 그것을 성취할 수 있을지 나의 미래에 대해서는 모르지만 그곳을 향해서 쉼 없이 나아갈 것이다. 나와 뜻을 같이 하는 다라니 기도자들은 함께 동참하여 염불결사를 하면 좋겠다. 혼자 하는 다라니기도도 좋지만 함께 하는 다라니기도도 즐겁지 않은가!

봉은사에서 매일 대중 새벽 예불이 끝나면 다라니독송을 했다. 그 시간이 너무도 좋았고 부처님께서 나의 소원을 다 듣고 있는 듯했다. 2010년 봄부터 여름까지 경전학교에서 법화경을 강의했는데 250명이 열심히 수업을 들었다. 강의가 거의 끝나갈 무렵 어느 보살님 한 분이 와서 법보시에 대해서 물어 보았다. 처음에 강의하면서 강의가 끝나면 그것을 정리하여 책을 출간할 예정이었는데, 봉은사 직영사태가 터지고 절 분위기도 조금 혼란스럽고 해서 책 출간할 생각을 미루고 있었는데, 그 보살님의 도움으로 혼신의 힘을 다해서 『경전학교의 법화경 강의』를 마칠 수 있었다.

그리고 책을 쓰면서 나의 지식이 너무 미약하다는 것을 느껴서 박사 과정에 진학하여 범어로 된 법화경을 더 공부하고 싶다는 생각을 했다. 그리고 박사과정에 합격했다. 이제 곧 수업을 듣게 된다. 한역본은 물론이고 범어 원전을 가지고 법화경을 더 깊게 공부할 수 있다는 생각에 설렌다. 내 강의를 들었던 어느 보살님 덕분에 책도 쓰게 되었고 박사과정 진학도 하게 되었다. 지금 쓰고 있는 이 『법화경의 4가지 보석』이라는 책도 그분의 도움으로 쓰게 된 것이다.

봉은사에서 매일 열심히 다라니기도하고 틈틈이 책을 썼는데,

부처님의 가피력 때문에 법화경을 훨씬 깊이 있게 공부할 수 있게 되었다. 그리고 나의 기도 경험과 법화경 공부한 경험들을 다른 사람들과 공유하게 되었다. 우리는 살아가면서 누군가에게 도움을 주기도 하고 받기도 한다. 내가 누군가에게 큰 도움을 받을 때 나에게 도움을 준 분은 바로 관세음보살님이며, 반대로 내가 살아가면서 누군가에게 큰 도움을 주었다면 그 순간 내 자신이 그 사람에게 관세음보살님으로 잠깐 다가선 것이다.

　여기 나온 관세음보살의 33 응현신은 바로 우리들의 고통을 해결해 주는 부처님의 모습을 표현한 것이며 그 출발점은 관세음보살을 향한 간절한 염원에서 시작된다.

내 자신이 관세음보살이 되자

앞의 내용들을 운문으로 다시 한 번 이야기 하고 있다. 온갖 장소에 중생의 소리를 듣고 다양한 모습으로 나타나는 관세음보살의 위신력을 찬탄한다. 그리고 온갖 고통을 당하더라도 지극한 마음으로 관세음보살을 부르면 관세음보살의 위신력으로 그 모든 고통이 사라지고 몸과 마음의 행복을 얻을 수 있다고 설한다. 그리고 진관(眞觀) 청정관(淸淨觀) 광대지혜관(廣大智慧觀) 비관(悲觀) 자관(慈觀) 등 5관이 나온다. 이것이 천태 마하지관의 뿌리가 된다. 법화경 관세음보살보문품의 게송 부분 5관에서 실천수행법인 저 유명한 「마하지관」이 탄생된다. 법화경은 단순히 부처님의 말씀만 담고 있는 책이 아니라 이론은 물론이고 염불이나 다라니기도 사경이나 독경 참선 그리고 6바라밀행 등 모든 불교의 실천 수행법이 총 망라되어 있다. 이것이 법화경의 가장 큰 매력이라 할 수 있다. 법화경의 가르침대로 실천할 것인가 안 할 것인가는 각자의 몫이다. 조금이라도 실천한다면 몸과 마음의 즐거움을 누릴 것이고 그 공덕의 씨앗으로 행복의 큰 결실을 거두리라고 확신한다.

『법화경의 네 가지 보석』
강의를 마치며

일반적으로 법화경이라 부르는 경전은 구마라집이 번역한 『묘법연화경』을 말한다. 여기에는 28품으로 되어 있다. 중국 법화경 권위자로 유명한 당나라 담연 대사는 『법화문구기』에서 법화경의 핵심 품을 4가지라고 말하는데, 이것이 사요품(四要品)이다. 그리고 그것을 나는 여기서 『법화경의 4가지 보석』으로 표현하였다.

1장 방편품

방편품은 범어로 Upaya-kauśalya-parivarto인데 여기서 Upaya는 방편을 뜻하며 kauśalya는 선교(善巧)의 뜻이며 parivarto는 품을 나타낸다. 곧 훌륭한 방편이란 뜻이다.

이 품은 세존이 중생들의 근기에 따라서 방편으로 중생을 구제한다는 내용이다. 궁극적으로는 일승으로 인도하며 2승이나 3승은 모두 일불승으로 귀결된다고 설한다. 이 품은 부처님의 자비행을 나타내고 있다.

강의 1. 백장야호

이것이 그 유명한 백장스님과 여우 이야기인 백장야호다.
여기서 진리의 세계에 대한 올바른 가르침을 강조하고 있다. 법회때 대답 한 번 잘못한 과보로 500생을 여우몸으로 살게 된다.

진리의 세계에서는 한 치의 어리석음도 용납될 수 없는 것이다. 방편품 시작 부분에서도 부처님께서 부처님 지혜의 세계는 오직 깨달음의 경지에 오른 사람들만이 알 수 있는 세계임을 강조하고 그 세계는 십여시로 대표되는 제법실상으로 표현하고 있다.

강의 2. 불교란 무엇인가? 부처님과 똑같은 지혜를 얻게 하는 것

여기서는 부처님이 세상에 출현한 이유에 대해서 밝히고 있다. 그 이유는 중생들에게 자신과 똑같은 깨달음을 열어 보이고 깨달아 들어가게 하기 위해서 세상에 출현한 것이라고 명확히 밝히고 있다. 그리고 원효의 화쟁사상의 핵심 축이 된 회삼귀일(會三歸一) 사상이 나온다. 부처님의 가르침은 부처가 되기 위한 오직 하나의 가르침이라 설한다.

강의 3. 김대성의 불국사와 석굴암 창건과 효도 이야기

여기서는 불도를 이루는 다양한 내용이 나온다. 불상이나 탑을 조성하면 그 공덕으로 불도를 이루게 되고 어린 아이들이 장난으로 모래를 쌓아서 불탑을 만들어도 그 공덕이 있어 불도를 이루게 된다. 그리고 무엇보다도 보시 지계 인욕 정진 선정 지혜 등 육바라밀행을 통해서 복과 지혜를 닦는다면 이러한 모든 사람들은 반드시 불도를 성취하게 된다.

> **강의 4.** 불상이나 불화 조성, 음성공양과 꽃공양, 염불 한마디, 그 공덕 모두
> 성불하리라.

불화나 불상 조성에 동참하여도 그 공덕으로 불도를 이루게 된다.

음성공양하고 꽃공양한 공덕으로도 불도를 이룬다. 비록 산란한 마음으로 '나무불' 하고 염불 한마디 한 공덕으로 모두 불도를 이룬다. 그리고 마지막 게송에서는 부처님은 만억 가지 방편으로 중생들의 성품에 맞게 그들을 깨달음의 세계로 인도한다. 조그마한 선행도 그것이 모이면 큰 공덕이 되고 결국은 최상의 행복으로 가는 튼튼한 길이 되는 것이다.

2장 안락행품

안락행품은 범어로 Sukha - Vihāra - Parivarto인데 Sukha는 안락을 의미하며 Vihāra는 원래 정사(절)를 의미하며, 여기서는 편안하게 머무르는 것을 뜻한다. parivarto는 품을 나타낸다.

문수보살이 부처님께 후세 악세에 부처님을 따르는 보살마하살이 큰 서원을 세우고, 법화경을 수지하여 설하려 할 때 어떻게 이 경을 설해야 하는지를 여쭙는다. 이때 부처님께서 마땅히 4가지 법에 안주하면서 경전을 설해야 한다고 말씀하신다.

첫째는 보살의 마음가짐과 행동거지에 대한 신안락행(身安樂行)을 설한다.

둘째는 언어와 관련된 것으로 다른 사람의 장단점이나 허물을 말하지 말며, 설법할 때 소승법이 아니라 대승법으로 설법하라는 구안락행(口安樂行)이 그것이다.

셋째는 마음가짐에 대한 것으로 법화경을 수지 독송하는 사람을 질투하거나 아첨하는 마음을 품지 않고, 중생에게 대자비심을 내어서 공경하고 예배하며 평등하게 법을 설하라는 마음가짐에 대한 의안락행(意安樂行)이다.

네 번째는 서원안락행(誓願安樂行)에 대한 내용으로 '비록 말세 중생의 근기가 낮아 법화경과 인연이 거의 없더라도 내가 불도를 이루게 되면 그들을 모두 신통력과 지혜력으로 제도하리라'는 서원을 세우 것이다.

나에게 절기도는 좀 힘든 것이었고 다라니기도는 수행의 목표를 결정짓는 계기가 되었다.

이 생에 가능할지는 모르겠지만 요즘 15개월 동안 매일 하는 다라니 주력을 놓쳐 본 적이 거의 없다. 다라니기도에 관심있거나 같이 수행하기를 원하는 사람들이 있으면 염불결사를 만들어 10만독부터 출발하여 1000만독까지 성취하는 것이 내 염불수행의 종착지이다. 절기도가 우리가 지은 업장을 녹여주는 수행이라면 다라니주력은 삼매와 지혜력을 극대화시켜서 궁극에는 최상의 행복을 가져다 주는 수행법이다. 이런 수행법을 접하게 되어 하루하루가 즐겁다. 불교는 생각으로만 하는 종교가 아니다. 참선을 하든 절수행을 하든 염불이나 독경 사경 다라니주력 등의 수행법을 통해서 나를 더욱 편안하고 행복하게 만드는 종교이다.

혹시 이런 수행법을 직접 행하지 않는 불자들이 있다면 몸으로 직접 해보길 기원한다.

안락행품의 첫 번째 몸의 안락행의 의미도 마음가짐과 행동으로 직접 실천할 것을 강조하고 있다.

여기서는 입에 대한 안락행을 말한다. 경전이나 법사의 허물을 찾지 말며 남의 이름을 들어가며 비난하거나 칭찬하지 말며, 소승법으로 대답하지 말고 대승법으로 설법할 것을 강조한다. 우리가 일상에서 말한마디 잘못해서 목숨까지 잃는 경우도 있고 반대로 따뜻한 말 한마디에 삶의 희망을 줄 수도 있다. 말 한마디에 천냥 빚을 갚는다는 우리 속담도 있지 않은가!

구안락행은 살아가면서 말을 조심해서 할 때 안락함이 온다는 내용이다.

일체중생에게 대비심을 일으키며 여래께는 자부(慈父)라는 마음을 내야 한다. 시방의 모든 보살마하살께 깊은 존경심을 갖고 예배하여야 한다. 이렇게 하는 사람에게는 좋은 도반들이 생기며 법을 듣기 위해서 많은 대중들이 모여들게 된다.

이러한 마음을 쓸 때 안락함이 찾아오는 것이다.

내가 처음 출가하여 염불 100일 기도를 하면서 세운 서원은 '나의 염불 소리를 듣고 사람들이 짜증을 내지 않고 최소한 기쁜 마음을 가질 수 있게 하소서!' 였다.

서원안락행에서 서원은 '말세 중생들이 비록 불교의 법화경과 인연이 별로 없다 할지라도 내가 깨달음을 얻는다면 신통과 지혜력으로 그들을 인도하여 불법 속에 안주하게 하겠나이다.' 이다. 우리 각자도 개인의 소원도 필요하지만 한 발 더 나아가 이웃들과 나눌 수 있는 실행가능한 서원을 세워보는 것은 어떨까!

3장 여래수량품

이 품은 범어로 Tathāgata-āyuṣ-pramāṇa-parivarto인데 Tathā-gata는 여래를 뜻하며, āyuṣ는 수명을 뜻하고 pramāṇa은 수량을 의미하며 parivarto는 품을 뜻한다. 그래서 여래수량품이 된다.

미륵보살과 모든 대보살이 부처님께 세 번이나 가르침을 간청하자 부처님께서 설하되 "모든 중생이 세존께서는 가야성에서 멀지 않은 도량에서 깨달음을 얻었다고 말하지만 사실은 깨달음을 얻은 지가 무량무변 백천만억 나유타 겁이 지났다." 그리고 미진의 비유를 들어서 한량없는 세월을 설명하지만 다 설명할 수 없다. 여래께서 멸도를 보인 것은 중생들이 교만한 생각을 하고, 부처님을 만나기 어렵다는 생각을 하지 않고, 정진하려 하지 않기 때문에 박덕한 중생에게 방편으로 열반의 모습을 보인 것이지 사실은 여래께서는 상주불멸하는 분이다. 그것을 어진 의사의 비유로 설명하고 있다.

법화경을 해석한 인도의 세친 논사나 중국의 천태대사 그리고 한국의 원효대사도 법화경에서 방편품과 여래수량품을 중시했다. 방편품은 부처님의 자비 방편을 여래수량품은 진리 그 자체를 통찰하는 부처님의 지혜에 무게 중심을 두고 있다.

여래수량품의 시작 부분은 미륵보살 등이 세존께 설법을 간청하자 "너희들은 내가 석가족 왕궁에서 출가하여 보리수나무 아래에서 깨달음을 얻었다고 말하나 실은 내가 성불한 지는 무량무변 아승지겁이 지났느니라. 이 중간에 연등불이라 말하기도 하고, 열반을 보이기도 하지만 이 모든 것이 방편으로 분별한 것이니라."라고 밝힌다.

석가모니부처님은 석가족의 왕자로 태어나 29세에 출가하여 6년 동안 설산에서 수행하고 35세에 보리수나무 아래에서 음력 12월 8일 깨달음을 얻었고 45년 동안 중생들을 위해서 수많은 마을을 다니며 중생들을 제도하시다가 80세에 열반에 드셨는데, 사실은 깨달음을 얻은 지가 무량 무변 아승지겁보다 더 오래되었지만 방편으로 깨달음과 열반을 보인 것이라 설한다.

몇 년 전 인터넷에 올라 온 소설가 정인의 「마지막 인사(범어사)」가 많은 생각을 하게 했다. 사랑하는 사람을 잃은 부부의 이야기다. 우리들이 종교가 가장 필요할 때가 사랑하는 사람과 죽음 때문에 헤어지는 고통을 겪을 때가 아닐까 생각한다.

부처님도 여래수량품에서 중생들에게 방편으로 죽음을 보임은 그들이 근기가 낮고 오욕에 깊이 집착하기 때문이라고 밝힌다. 부처님의 죽음을 보면 부처님 만나 뵙기 어렵다는 생각과 연모하는 생각이 일어나며 열심히 수행해서 지혜를 성취하기에 방편으로 열반을 보인 것이다. 열반과 죽음 앞에서 중생들은 좀 더 겸허해지고 수행할 생각을 가지게 된다는 것을 부처님께서는 통찰하신 것이다.

강의 3. 양의(良醫)의 비유

부처님께서 자신의 수명은 아승지겁이나 되고 상주불멸이라 설한다. 그리고 중생들에게 열반을 보인 것은 방편으로 중생을 제도하기 위함임을 밝힌다. 이것을 양의의 비유로 설명하고 있다. 여기서 독약을 먹은 자식들은 삼독에 빠진 우리 중생들을 의미하며, 유명한 의사는 부처님을 뜻한다. 죽었다고 말함은 중생들이 약을 먹어 독을 치유하기 위한 방편으로 말한 것이지 사실은 죽은 것이 아니다. 부처님도 이와 같아서 방편으로 중생들에게 열반을 보일 뿐 이 세상에 영원히 존재하시는 분이다. 우리들이 확신을 가지고 열심히 공덕을 닦고 수행할 때 부처님은 언제나 우리 곁에서 우리의 기도에 응하여 수행을 성취하도록 가피력을 내리실 것이다.

얼마 전 미국 나사 우주국에서 발표한 소식이 세상을 깜짝 놀라게 했다. 생명을 유지하는 필수 요소인 인 대신에 비소를 생명 에너지로 살아가는 슈퍼 미생물이 미국 캘리포니아주 요세미티 국립공원 모노호수에서 발견되었기 때문이다. 일반적으로 생명체는 비소와 같은 독극물을 기반으로 살아갈 수 없다고 알려졌는데, 이런 이론을 완전히 뒤바꾼 발견이다. 하기야 근세까지 태양이 지구를 돈다고 전 인류가 믿었고, 이에 반해서 지동설을 주장하던 갈릴레이는 죽을 고비를 자신의 신념을 버림으로써 겨우 모면했다. 이번에 발견한 슈퍼 미생물은 생명의 범위를 대폭 확장시켰다. 산소가 없이도 생명이 살 수도 있고, 수천도가 넘는 불덩이 속에서도 그것을 에너지원으로 해서 살 수 있는 생명체가 있을 수 있다는 가능성을 연 것이다. 독극물을 에너지원으로 해서도 살 수 있는 생명체가 있는데, 다른 생명체인들 존재하지 못할 이유가 없다.

운문 게송에서 부처님께서 '중생들이 세상이 다하여 불이 세계를 태우는 것을 보고 걱정하지만 부처의 눈으로 보면 세상은 오히려 편안하고 천인들이 가득하고 하늘에서 북이 울리고 음악이 연주되며 천신들이 만다라화를 부처님과 대중들에게 뿌린다.'는 구절이 나온다.

우리 중생들이 미혹의 눈으로 바라보는 세계와 부처님께서 지혜

의 눈으로 보는 세계가 다름을 알 수 있다. 우리들이 알고 있는 우
주에 대한 지식도 극히 미미하다.

현대 과학자들이 허블 우주 망원경으로 관측할 수 있는 별들은
불과 0.5%밖에 안 된다. 99.5%는 아직 미지의 세계이다. 이런 중
생들을 제도하기 위해서 부처님께서 그 중생의 능력에 맞게 방편
을 설하여 불도로 인도하고 있음을 밝힌다.

거의 모든 불교 고승들이 법화경의 방편품과 여래수량품을 중심
축으로 해석했다. 여래수량품은 부처님 지혜의 세계를, 방편품은
중생을 방편으로 깨달음의 세계로 인도하는 부처님 자비행을 밝
히고 있다.

4장 관세음보살 보문품

범어로 Samanta - mukha - parivarto로 Samanta - mukha를 보문(普門)으로 번역하였다. Nāmâvalokiteśvara-vikurvaṇa-nirdeśas로 Nāmo는 귀의하다이며, avalokitesvara는 관세음보살이며, īśvara는 자재하다는 의미이며, vikurvaṇa는 화현하다는 의미이며 nirdeśas는 가르침이란 의미이다. 곧 관세음보살이 자재하게 화현하는 가르침에 귀의하는 품이란 의미이다.

무진의보살이 부처님께 무슨 인연으로 이름이 관세음인지 묻는다. 이에 부처님은 한량없는 중생이 온갖 고뇌를 받을 때, 관세음보살이 계시다는 이야기를 듣고 지극한 마음으로 그의 이름을 부른다면 곧 그 음성을 듣고 그들 모두를 그 고뇌에서 벗어나게 하기 때문에 관세음이라 한다. 그리고 중생의 여러 가지 어려움과 중생의 소원에 따라 온갖 모습으로 몸을 나타내어 중생 구제하는 구체적인 이야기가 설해진다. 이렇게 관세음보살의 이름만 듣고 불러도 무량한 복덕과 이익을 얻을 수 있다. 그리고 다시 무진의보살이 부처님께 관세음보살이 어떻게 사바세계에 다니면서 중생에게 설법하며, 방편력으로 중생을 구제하는지 묻는다. 이에 33가지 모습으로 온갖 국토를 다니시며 중생의 위험과 고난을 구제하기 때문에 모두 관세음보살을 시무외자라 이름한다. 그리고 마지막으로 두루 몸을 나투는 관세음보살의 신통력을 들은 사람의 공덕

이 적지 않음을 지지보살이 찬탄한다. 부처님께서 이 「관세음보
살보문품」을 설할 때, 8만 4천 명의 대중이 모두 최상의 깨달음
을 향해서 발심하면서 이 품이 끝난다.

강의 1. 중생사의 관세음보살 영험담

무진의 보살이 세존께 관세음보살이란 이름이 무슨 까닭으로 붙
여진 것이냐고 묻자 "중생들이 온갖 고통을 받을 때 일심으로 관
세음보살을 부르면 곧 그 음성을 듣고 나타나 그 고통을 구제하기
때문에 관세음이라 한다."라고 대답한다. 그리고 중생들이 겪게
되는 여러 가지 고통들이 설해진다. 곧 관세음보살은 중생들에게
'현세의 이익'을 주시는 부처님이다.
삼국유사 제3권 탑상(塔像)에 보면 경주 중생사의 관세음보살의
영험담에 대한 이야기가 나온다.

이야기 1. 최은함이 관세음보살 앞에서 기도하여 최승로를 얻은
　　　　 이야기이다.
이야기 2. 중생사 주지스님 성태가 관음보살의 가피력으로 시주
　　　　 받은 이야기이다.

　만약 어떤 사람이 관세음보살의 명호를 일심으로 부르면 무량한
복덕의 이익을 얻게 된다고 설한다. 탐진치 삼독을 여의게 되고,
아들과 딸을 원하면 훌륭한 자식을 얻게 되고 그 얻는 공덕은 말
로 다 할 수 없다고 설한다. 위의 중생사 최승로의 이야기나 불국
사와 석굴암의 창건 연기에 나오는 김대성의 이야기에서도 알 수
있듯이 모두 부처님께 지극한 마음으로 보시하고 기도하여 공덕
의 씨앗을 뿌렸기 때문에 귀한 아들로 태어나고 세속의 부귀영화
를 누리게 된 것이다. 이 세상에 공짜로 얻어지는게 어디에 있겠
는가? 뿌린 대로 거두고 콩 심은 데 콩 나고 팥 심은 데 팥 나는 것
이 세상의 이치 아니겠는가!
　어찌 공든 탑이 무너지겠는가!

　무진의보살이 부처님께 여쭙는다. 관세음보살은 사바세계에서
중생들을 어떻게 제도하는지를. 그러자 33응신으로 중생들이 필
요로 하는 다양한 모습으로 중생들에게 다가와 그들의 고통을 해
결하신다고 설한다. 그래서 붙여진 이름이 보문시현(普門示現)이
다. 때로는 부처님으로 때로는 국왕으로 때로는 재벌로 때로는 국

가 관리로 때로는 소년이나 소녀 등 온갖 종류의 모습으로 나타나 우리들의 간절한 기도 소리에 응해 주는 분이라고 설한다.

출가한 지 25년 동안 어려운 일이 있을 때마다 기도를 통해서 부처님께 가피를 받고자 노력했다. 갓 출가하여 염불이 너무 안 될 때 100일 염불 기도를 해서 성취했고, 몸이 많이 아파서 여수 향일암에서 10만 배 절기도 하면서 부처님께 가피를 받았고, 미국에 유학을 떠날 때 너무도 악조건이었는데, 봉정암에 35번을 올라가 기도하면서 그 난관을 극복하고 가피를 받았다. 그리고 북한산 승가사에 38번 오르면서 약사전과 마애불에 기도하면서 그 기도를 성취하였다. 봉은사에 14개월 가까이 살면서 거의 매일 새벽에 다라니기도를 했는데 1만 5천 독을 했다. 그렇게 많이 한 것은 아니지만 꾸준히 조금씩 거의 쉬지 않고 했다. 물론 지금도 매일 다라니기도 쉬지 않고 하고 있다. 일생에 1000만 독을 목표로 하고 있다. 물론 그것을 성취할 수 있을지 나의 미래에 대해서는 모르지만 그곳을 향해서 쉼 없이 나아갈 것이다. 나와 뜻을 같이 하는 다라니 기도자들은 함께 동참하여 염불결사를 하면 좋겠다. 혼자 하는 다라니기도도 좋지만 함께 하는 다라니기도도 즐겁지 않은가!

봉은사 살 때 어느 날 경전학교 강의 때 만난 보살님의 법화경 법보시 공덕으로 『경전학교의 법화경 강의』와 『법화경의 4가지 보석』를 출간할 수 있게 되었고 박사과정에 진학하여 범어 법화경을 공부할 수 있게 되었다. 우리는 살아가면서 누군가에게 도움을 주기도 하고 받기도 한다. 내가 누군가에게 큰 도움을 받을 때

나에게 도움을 준 분은 바로 관세음보살님이며, 반대로 내가 살아가면서 누군가에게 큰 도움을 주었다면 그 순간 내 자신이 그 사람에게 관세음보살님으로 잠깐 다가선 것이다. 여기 나온 관세음보살의 33 응현신은 바로 우리들의 고통을 해결해 주는 부처님의 모습을 표현한 것이며 그 출발점은 관세음보살을 향한 간절한 염원에서 시작된다.

강의 4. 내 자신이 관세음보살이 되자

앞의 내용들을 운문으로 다시 한 번 이야기하고 있다. 온갖 장소에 중생의 소리를 듣고 다양한 모습으로 나타나는 관세음보살의 위신력을 찬탄한다. 그리고 온갖 고통을 당하더라도 지극한 마음으로 관세음보살을 부르면 관세음보살의 위신력으로 그 모든 고통이 사라지고 몸과 마음의 행복을 얻을 수 있다고 설한다. 그리고 진관(眞觀) 청정관(淸淨觀) 광대지혜관(廣大智慧觀) 비관(悲觀) 자관(慈觀) 등 5관이 나온다. 이것이 천태 마하지관의 뿌리가 된다. 법화경 관세음보살보문품의 게송 부분 5관에서 실천수행법인 저 유명한 「마하지관」이 탄생된다. 법화경은 단순히 부처님의 말씀만 담고 있는 책이 아니라 이론은 물론이고 염불이나 다라니기도 사경이나 독경 참선 그리고 6바라밀행 등 모든 불교의 실천 수행법이 총 망라되어 있다. 이것이 법화경의 가장 큰 매력이라 할 수 있다.

  법화경의 가르침대로 실천할 것인가 안 할 것인가는 각자의 몫이다. 조금이라도 실천한다면 몸과 마음의 즐거움을 누릴 것이고 그 공덕의 씨앗으로 행복의 큰 결실을 거두리라고 확신한다.

법화경의 네 가지 보석

초판 1쇄 2011년 3월 15일

엮은이 법성
펴낸이 주영배
펴낸곳 도서출판 무량수
       부산광역시 해운대구 재송동 1209 센텀IS타워 1009호
       전화. 051-255-5675 팩스. 051-255-5676
       e-mail : boan21@korea.com
ISBN   89-91341-25-803220
정가 12,000원